星野リゾートの事件簿

なぜ、お客様はもう一度来てくれたのか？

中沢康彦＝著
日経トップリーダー＝編

はじめに

どこまでも広がる雲海を見下ろしながらコーヒーを楽しめるカフェが、北海道のど真ん中にある。

このカフェは「雲海テラス」と呼ばれ、トマム山の山頂にある。見渡す限り続く雲海の眺めは、ときに雄大で、ときに幻想的だ。一度見たら一生忘れられないくらい心に残る。山頂の空気はすがすがしく、そこで飲むコーヒーの味は格別だ。

雲海は日によって表情が違う。すぐ下に雲が迫って、まるでカフェが雲の中に浮いているように感じられる日がある。はるか下の山麓に雲海が広がり、雲の連なりを眼下にじっくり眺められる場合もある。雲海は時間の経過とともに少しずつ姿を変える。雲海を照らす太陽の光も色彩を変える。だから、ずっと見ていても飽きることがない。

雲海テラスがオープンする期間は限られている。トマム山頂から雲海が見えるのは夏の早朝である。カフェの営業は夏の数カ月、毎朝数時間だけである。

それでも、口コミでその魅力が伝わり、毎年、何千人もの人が全国からやって来る。雲海テラスからの眺めは、「夏の北海道の新しい風景」として、大きな注目を集めている。

雲海テラスのある「アルファリゾート・トマム」は、ホテル、スキー場、ゴルフ場などを備えた総合リゾートである。バブル経済の崩壊によって一度は経営破綻したが、今ではファミリーリゾートとして立て直しに成功している。雲海テラスはトマム再生の象徴である。

破綻したトマムの再生を引き受けたのが、軽井沢に本拠を置くリゾート会社の星野リゾートである。

星野リゾートは1904年に軽井沢の開発を開始し、100年以上の歴史を持つ。だが、約15年前まで長野県内の老舗企業にとどまっていた。同社を全国的なリゾート企業にしたのが4代目社長の星野佳路《よしはる》である。

星野は1960年生まれで、慶応義塾大学を卒業後、米国の大学院を経て、実家の「星野温泉」に入った。同族経営の弊害を強く感じた星野はいったん会社を去るが、しばらくして呼び戻される。そして父親に代わって社長に就任すると、経営改革を断行した。

星野は、古参社員などの反発を受けながらも、一歩ずつ会社を変えた。そして自社のビジネスを再構築することに成功する。その経験を生かして、破綻したホテルや旅館の再生を引き受けるようになった。日本各地にある破綻リゾートの運営を旧経営陣から引き継ぎ、再生に取り組んでいる。

悩み抜いたスタッフが自分から動き出す

本書の主役は、星野リゾートが運営する全国のホテルや旅館のスタッフである。トマムの雲海テラスを作ったのは、スキー客を運ぶゴンドラ・リフト部門のスタッフである。彼らの本来の業務はゴンドラとリフトを整備し、動かすことである。華やかなリゾートを支える地味な仕事だ。

もともと「裏方」だったゴンドラ部門のスタッフは、「顧客満足度を高めるために、何ができるかを考えよう」という星野の問いかけに、初めは何をしていいか分からなかった。しかし、ある日、自分たちにできることに気がついた。そして多くの人を魅了するサービスを生み出した。

お客様を満足させることは、簡単なようで、難しい。大多数のビジネスパーソンにとって、お客様の気持ちは、永遠の謎かもしれない。

その謎を解くために、スタッフが自分で考え、悩み、行動し、周囲のスタッフを巻き込む――。そんなストーリーを本書では取り上げる。

登場するスタッフの中には、旅館やホテルの総支配人もいれば、研修中の新入社員もいる。いずれも星野リゾートで実際に起きた出来事である。

青森の温泉旅館では、三井物産を辞め、最初はパートとして星野リゾートで働き始めた総支配人が、再生に向けて新設したレストランを盛り上げるために、「みんなで踊ろう」「まず、自分が踊る」と先頭に立った。

高級旅館「星のや　軽井沢」では、「エコリゾート」を実現するという星野の野心的な提案に対して、中途入社したばかりの温泉のプロが意地を見せた。環境負荷の軽減とコスト削減を両立させるために、従来なかったエネルギーシステムを作り上げた。

軽井沢の飲食施設「村民食堂」では、常連客のクレームに対して、スタッフがどう対応したらよいか悩み抜き、大胆な対応によってお客様の「怒り」を「笑顔」に変えた。

こうした〝事件〟が星野リゾートでは、次々に起きる。そのたびに星野はスタッフの行動を見守り、問いかけ、アドバイスする。決して細かい指示は出さず、スタッフが自ら動き出すのを待つ。その間、星野はスタッフに対して、繰り返し、こう語りかける。

「お客様の満足度を高めよう」

星野は、現場では脇役どころか、姿さえほとんど見せない。必要なときに、会議に参加したり、メールを送ったりして、勇気づけるだけだ。それでも、星野が掲げた「リゾート運営の達人」というビジョンはスタッフの間に浸透し、再生のパワーを生み出している。

合理的な手法と納得感あるルール

リゾートの再生に当って、星野は調査会社を使って詳細なデータを集めることから始める。そのデータに従って「コンセプトづくり」を進める。これは再生する施設のメーンターゲットとなる客層を決め、どうアプローチするかを考える作業である。

コンセプトを明確に定めたうえで、それに合わせた詳細なサービスメニューを組み立て、顧客満足度を高める。サービスの評価を高めることでリピーターを増やし、稼働率を上げる。同時に、業務の進め方を見直し、ムダを取り除く。こうして収益性を高め、早期の黒字化を実現する。——これが星野の基本スタンスである。

星野は、再生を実現するためには、社員のモチベーションアップが不可欠だと考えている。だから社員の自由なコミュニケーションを重視する。

星野リゾートでは、若いスタッフが上司に向かって、遠慮することなく「自分はこう考える」と主張する姿を目にする。星野は、「誰の主張か」でなく、「どんな主張か」が重要だと考える。

スタッフは、部門の責任者である「ユニットディレクター」に立候補することもできる。立候補したスタッフは、自分の改革案をほかのスタッフの前で語る。スタッフはそれを聞いて責任者を選ぶ。リーダー人事に対する納得感が生まれるため、スタッフはお互いにチームとして結束する。

星野は「リゾート運営の達人」というビジョンを実現するため、施設ごとに、顧客満足度、利益率、環境に関するエコロジカルポイントという三つの指数に常に気を配る。精神論ではなく、合理的な尺度を決めて、スタッフの意欲を引き出す。

「100年に一度」と言われる不況が続き、どんな企業も、スタッフ一人ひとりの能力を十分に発揮させなければ、生き残ることが難しくなってきた。星野リゾートの企業再生には、組織活性化のヒントが多数含まれている。企業規模や役職を問わず、ビジネスにかかわるすべての人に、何かを示唆してくれるだろう。

本書は、日経BP社発行の経営情報誌「日経ベンチャー」に2009年3月まで1年間にわたって連載した「星野リゾートの事件簿」に加筆したものである。取材に当たって、星野リゾートのみなさまに多大な協力をいただいた。この場で改めて謝意をお伝えしたい。
登場する人物の肩書や年齢、施設名などは、日経ベンチャーに連載した当時のままである。敬称はすべて省略した。

なお、日経ベンチャーは2009年4月、雑誌の名前を「日経トップリーダー」に一新し、経営者のための実践的な情報誌という特徴をより明確にした。こちらもぜひ、お読みいただきたい。

2009年6月

日経トップリーダー副編集長　中沢康彦

星野リゾートの事件簿──目次

写真／栗原克己、高橋久雄、船戸俊一

頂上駅の雲海

アルファリゾート・トマム（北海道占冠村）

かつて「バブルの遺産」と言われたアルファリゾート・トマムは、星野リゾートによる再生によって、新しい輝きを放ち始めている。施設を見直し、雄大な自然環境を満喫できるサービスプログラムを導入し、宿泊客数は上向いた。赤字体質からの脱却が着実に進んでいる。

2004年に星野リゾートが再生に着手した当時、旧経営陣の下で働いてきたスタッフは「これからどうなるのか……」と大きな不安を感じていた。部長職を務めていた伊藤修もその一人だった。

地元で生まれ育った伊藤は高校卒業後、実家の牧畜業に入った。肉牛を相手に、朝早くから日が暮れるまで、汗を流した。牛を育てる牧草地はもともと、伊藤の父が開拓した場所である。

その静かな牧草地に突然、リゾートの開発の話が持ち上がった。それがアルファリゾート・トマムの事業計画だった。

やがてトマムでホテルなどの建設が始まった。バブル経済前夜の1983年、トマム開業と同時に伊藤は牧畜をやめ、リゾート施設で働くスタッフとなった。そして、スキー場のリフトやゴンドラの運営・保守管理をする「索道」部門に所属した。

伊藤がゴンドラ担当になったのは、大きな理由があったわけではない。「自分にはリゾートの接客なんて無理」と考えた伊藤は、牧畜で大きな農業機械を扱っていた経験から、「機械の扱いならば、何とかなるかもしれない」と単純に考えた。伊藤は一から仕事を覚えた。そして、華やかなリゾートを支える裏方のリーダーとなった。

トマムの激動の歴史がそこから始まった。

「顧客満足度？」「自由に意見を出す？」

開業後、しばらくするとバブル経済の到来で開発計画が次々に実現した。それまで牛がのんびり牧草を食んでいたのどかな地が、くつろぎを求める人々を対象にした一大リゾートに変貌した。

伊藤にはその変化自体がどこか信じられなかった。しかし、仕事は忙しく、感傷に浸る暇もなかった。

バブルに陰りが出始めると、状況はがらりと変わった。トマムの運営会社は「売り上げをいかに伸ばすか」に躍起になった。営業部門でない伊藤の耳にも、営業強化の話がいつも入った。トマムの経営がさらに悪化し、破綻する数年前になると、伊藤は上層部の指示でコストカットに追われた。

そんな努力も実らず、トマムの経営は破綻した。

トマムの経営を引き継ぎ、再生に乗り出した星野リゾートについて、伊藤は会社の名前すら聞いたことがなかった。「さらに大変になることだけは間違いない」と覚悟した。

再生がスタートするに当たって、社長の星野佳路はトマムに来た。星野はTシャツにスニーカーという身軽な服装だった。

スタッフはその姿に「何だかビジネスマンらしくないし、社長らしい服装でもない。一体、この人は何なのか」と驚いた。星野はスタッフに直接、「リゾート運営の達人を目指す」「コンセプトを明確に定め、顧客満足度を上げよう」「全員が自由に意見を出そう」と自分の考えを明快に語りかけた。

伊藤は振り返る。「それでも正直言って、そのときの社長の言葉は、全然意味が分からなかった。それまで、売り上げを伸ばせ、コストをカットしろと言われ続けていたのに、突然、『お客様の満足が最大の目的』だと言う。会社は売り上げがなければ存続しないのに、どうして新しい社長は満足度なんて言い出すのか、まったく理解できなかった」

星野の言葉は、「コストカット」「上から命令」「絶対服従」に慣れた伊藤にとって、驚きだった。伊藤はそれまで現場責任者として、「もっと自分たちに任せてくれたらうまくいく」「自分たちがしっかり考えてやったほうが、もっと面白いかもしれない」と感じたこともあったが、愚痴の域を出なかった。

56
Alpha
82
Alpha
18
Alpha
7
Alpha
65
Alpha

それだけに星野の言葉が、伊藤には魅力的に響いた。同時に、「本当にそんなやり方で大丈夫なのか」と半信半疑でもあった。

伊藤の下で働いていた鈴木和仁も同じ不安を持った。

鈴木は北海道出身で、もともと自衛隊で大砲を担当していた。両親がトマムの近くに住んでいることから、「親のそばで働こう」と仕事を探していたところ、スキー場のリフトの改札のアルバイトとしてスタッフになった。真面目な仕事ぶりが認められて、伊藤の推薦によって、トマムの社員になった。

鈴木は、星野の話を聞いて、「何だかとても若者向きの会社に見える。中年の自分で大丈夫なのか」と感じた。

期待と不安の中、伊藤と鈴木は星野リゾートの社員となった。伊藤は改めてトマムの索道部門の責任者になった。

悩んだ末に残った7人

星野リゾートによるトマム再生の取り組みが実際に動き始めた。それは「売り上げ重視」に慣れた伊藤にとって驚きの連続だった。

例えば、お客様からサービスに関する相談を受けると、トマムのスタッフはそれまで「会社として都合の悪いことは基本的にお断りする」ことにしていた。しかし、星野は「お客様の満足を考えて動こう」「どうしたらお客様の満足度を上げられるかという視点から考えよう」と強調した。

伊藤は「これまでの対応の仕方とはまったく違う。何がやりたいのか、まだよく理解できない」と頭を抱えた。

鈴木もなかなか、なじめなかった。「もしかしたら、自分に合わないのではないか。辞めようか」と考えたこともあった。しかし、北海道の雇用環境は厳しい。40代の鈴木は、なかなか再就職先を見つけるのは難しそうだと考え、転職をあきらめた。

「社長にあんなことを言ったら、激怒されるのではないか」

星野はトマムを訪れるたびに、自由に意見を出すことの意義を強調し、フラットな企業文化の定着を図った。だが、ピラミッド型の上意下達組織の中で、上から下りてきたものを下に落としていくだけだった伊藤には、星野の考えはなかなか理解できなかった。

星野リゾートの本拠地である軽井沢から来たスタッフは、会議の場でも、社内のメール交換でも、社長に対して「自分はこう思う」と、自分の意見をはっきり伝えていた。

伊藤はその姿を見るたびに、「あんなことを言ったら、社長が激怒し、どこか別の部署に飛ばされるのではないか」とびくびくした。しかし、社長の星野は社員の反対意見に対して、怒るどころか、平然と議論していた。伊藤はその様子に「びっくりするというか、感動するほどのインパクトを感じた」。

だが、同時に「お客様の立場で考えたり、自由に議論したりするというのは、何だか難しい気がする。負担が大きいな」と尻込みした。そして「星野リゾートに経営が変わっても、自分はトマムにとどまった判断は正しかったのだろうか。これから本当にやっていけるだろうか」と不安をさらに募らせた。

なかなか星野リゾートのやり方に慣れなかった伊藤は、ある出来事がきっかけで考えを変えた。それは伊藤の担当するリフトで、お客様がけがをしたことだった。

以前ならばこうしたトラブルが起きたとき、会社はすぐに弁護士を通して、お客様に対応しようとした。そのやり方はお客様のけがを心配するというよりも、トラブルを解決するために業務的な姿勢で臨むもので、どこか冷たい対応だった。

星野リゾート流はまったく違った。けがをしたお客様の訴えをスタッフが直接、とにかく聞いた。親身になって、話を聞き続けた。お客様の気持ちをたっぷり話してもらったうえで、どうしたら納得してもらえるかを考えた。

伊藤はこのとき、「お客様のために動く」ことの意味がようやく少しだけ分かった気がした。けがをしたお客様はそんな対応に好感を示し、翌年もトマムにスキーに来てくれた。

破綻前からトマムで働くスタッフの中にも、やがて年齢や役職の壁を乗り越えて、お客様のために動く決意を語る社員が出てきた。顧客満足度の向上に真剣に取り組む人が出てきた。

一方、「こんなやり方では、とてもついていけない」「自分には合わない」と、なじめずに辞める人もいた。

伊藤の索道部門は2人が辞めた。残ったのは伊藤を含めて7人である。

「そんなこと言われても、無理だよ」

星野は部門ごとに、「顧客満足度の向上に向けて、今後1年間の戦略」を考えて、発表するように求めた。ゴンドラのメンバーは「自分たちは後方支援部門であり、戦略と言われてもそんなものがあるわけがない」と当惑した。ここでリーダーとして何ができるか。伊藤は悩んだ。

星野リゾートの旅館・ホテルでは毎月、各部門の現状や課題を議論する「戦況報告会」を開き、丸一日かけて話し合う。トマムの報告会には、星野も毎回、姿を見せた。

こうした場で、「顧客満足度」「自由な議論」などを強調し続ける星野の姿勢は、まったくぶれがなかった。伊藤は星野の明快な姿勢を見続けるうちに、「こんなやり方もあるのか」といつしか強く共感するようになった。

索道部門の7人も伊藤が中心となって、顧客満足度をテーマに議論をスタートした。ただし、40代、50代のベテラン社員が多い。これまで通り「自分は裏方」という意識が強く、「顧客満足度」と言ってもピンとこなかった。

全員で話し合った結果、7人はまず、「あいさつと笑顔」に取り組むことにした。「これならば準備も費用も不要。すぐにできるし、お客様が喜んでくれる」と思ったのだ。メンバーは「自分たちが『社長に言われたから』と、本から取ってきたような戦略を実現しようとしたところで、つぶれるだけだ」「それならば、ささやかかもしれないが、あいさつと笑顔から始めて、一歩ずつ進むしかない」と話し合った。

それでも、実際にお客様を前にすると、顧客満足度を考えたことのない7人は言葉が出ない。1年目は表情もこわばっていた。

しかし、同じ目標で2年目に入り、何とか踏ん張るうちに、伊藤はお客様が喜ぶ様子に少しずつ気づき始めた。

やりがいを感じ始めた伊藤は、メンバーを励まし続けた。そして「何とかお客様から褒められるところまで行こう」と模索した。自分たちで独自に研修会を開いてほかのスキー場の接客の様子を聞き、全員が自分の感じたことをレポートにしてまとめた。それを基に、ゴンドラのスタッフは自分なりにマニュアルを作った。

スタートから2年近くを経たころ、7人はあいさつと笑顔が自然と出るようになった。

だが、さらに高いハードルが7人を待っていた。ある日の戦況報告会で星野が言った。

「トマムの夏の魅力を高めるために何ができるかを考えよう」

トマムはスキーシーズンの冬場は施設稼働率が高いが、夏場には改善の余地がある。星野はトマムの再生にとって、通年リゾート化が重要だと考えた。そこで星野はこの日のテーマとして「夏期の顧客満足度」を掲げたのだった。

7人には「本業は裏方」という意識がある。しかも夏はゴンドラのメンテナンスが続き、お客様と接する場面が少ない。ゴンドラ部門は、冬の顧客満足度を高める努力は始めたが、夏については顧客満足度の測定自体していなかった。

ハイグレードな施設に見合うだけの「夏の魅力」をどう作るか。星野の問いかけに7人は戸惑った。メンバーの一人がため息をついた。「自分たちにそんなこと言われても、できない。とても無理だよ」。

夏を前に、7人はスキーシーズンを終えたゴンドラのメンテナンス作業に入っていた。

ケーブルを支える高い鉄塔に登り、油まみれになってパーツを交換したり、色のはげた個所をペンキで塗り直したりする作業が毎日続いたが、伊藤の心の片隅には、「夏の魅力」という星野の問いかけが常にあった。

「お客様にも、この眺めを見せたいなあ」

ある日のこと、伊藤は午前中、ゴンドラ山頂駅付近で作業していた。休憩時間に7人が集まると、眼下に雲海が広がっていた。地元で生まれ育った伊藤は、この早朝の雲海が大好きだった。ただし、それは「見慣れたいつもの風景」でもあった。

だから、普段ならば雲海をちらりと見ればそれで終わり。だが、この日は違った。伊藤の頭の中を「お客様が喜ぶ姿」がよぎった。それは1年間かけて、あいさつと笑顔に取り組む中で初めて知った姿だった。

伊藤がぽつりと言った。

「お客様にも、この眺めをぜひ見せたいなあ。ここでおいしいコーヒーを飲んでくつろいでほしいなあ」

何気ない一言だった。顧客満足度を意識し続けることで、伊藤は自分の気持ちが素直な言葉として口に出た。

伊藤の一言に、鈴木は「そんなサービスを始めても、本当に人気が出るのか」と思った。長く働く鈴木ももちろん、雲海をいつも目にしていたが、それがトマムの魅力になると思えなかった。

雲海は山のふもとにあるゴンドラの乗り場から見ると、ただ頭上に雲がかかっている光景が広がるだけだ。雲よりも上に登らなければ、雲海の美しさは分からない。曇り空を見て、お客様が本当に頂上まで来てくれるか。鈴木はまったく自信がなかった。

だが、ほとんどのスタッフは「それ、いいなあ」「トマムの魅力ってこういうことじゃないか」と次々に声を上げた。伊藤はその様子を見て、「顧客満足度を上げる取り組みとして、いけるかもしれない」と思った。

鈴木は納得できなかったが、「みんなが言うならば」と渋々賛成した。

この日の夕方から、7人は「雲海を見ながらコーヒーを飲んでもらう」プランを話し始めた。やがて、「ゴンドラの山頂駅付近に早朝営業のカフェを作ろう」と話が膨らんだ。が、同時に三つの課題が浮かんだ。

一つは「接客」である。ゴンドラ部門として取り組む課題である以上、接客を自分たちで担当するしかない。だが、誰もカフェなどの飲食店で働いた経験はなく、「スプーンとソーサーの置き方」「コーヒーの運び方」「エプロンの着方」など、まったく分からない。本格的な接客経験のない7人にカフェができるのか。

二つ目は本来の夏の仕事であるゴンドラのメンテナンスをどうするか。カフェで人手を取られるあまり、本来の業務がおろそかになることはないか。

三つ目は「早朝の準備」である。伊藤が調べると、山頂駅付近から雲海が見える可能性が高いのは午前5時ごろからの数時間。これに合わせてテーブルやイスをセットし、ゴンドラを動かし、飲み物サービスに備えるには、午前4時から準備する必要がある。そのためには早朝3時には家を出発しなければならない。本当に対応できるのか。

課題をクリアするために、7人は考え、話し続けた。

仕事の手順を見直して課題を解決

約2カ月の話し合いを経て、7人は課題への答えを出した。

まず、「接客」は、トマムのレストラン部門の担当者に頼み、空き時間に7回の研修をしてもらうことにした。7人は注文の受け方、飲み物の置き方、食器洗浄機の使い方などを一から学んだ。ゴンドラメンテナンスの昼休みに、7人は軍手をはずして練習を繰り返した。「普段は作業着なのに、ウエーター姿で人前に出ること自体、勇気がいる」という人もいた。それでも地道に取り組み、自分たちの力でカフェを運営することを決めた。

次に「ゴンドラのメンテナンス」については、作業手順を見直した。従来の作業手順は、「縦社会」だった旧経営時の仕事ぶりを引きずっていた。「仕事に慣れない人が下準備」したあとで、ようやく仕事のできるベテランが動くなど、効率が悪かった。それを全員で力を合わせて下準備することにした。

また従来は、仕事の段取りはベテランがすべて決めて、口頭で伝えるだけだったが、作業効率を上げるためにあらかじめみんなで相談して進行表を作ることにした。仕事を効果的に分担する工夫も取り入れたことで、円滑に作業をするメドが立った。

残る課題は「早朝の準備」だった。7人の中には、通勤に自動車で1時間以上かかる人がいて、「そんなことになったら、生活があまりにも変わってしまう。わざわざそこまでしなくてもいいのではないか」と反対した。「そんな暮らしになったら、朝だか昼だか分からなくなる。そうまでしてやりたくない」という人もいた。なかなか譲る気配はなかった。

伊藤は「トマムが変わるためには、自分たちも変わろう。自分たちもトマムの魅力をお客様に伝えるために、何かをしよう」と思った。しかし、乗り気でないメンバーは、どれだけ話しても聞き入れない。雲海カフェの計画は宙に浮きそうになった。

あきらめ切れない伊藤は全員を説得して回った。そして、みんなで協力して取り組む体制を「半ば強引」に作った。

鈴木は「本当にうまくいくのか。無理じゃないか」という思いがあったが、伊藤の思いに引っ張られて、「じゃあ、やってみようか」と動き始めた。

こうして2005年夏、ゴンドラ山頂駅付近で早朝カフェのテスト営業が始まった。

飛び上がりたいくらいうれしくなった

カフェといっても、砂利の敷いてある小さな広場に、テーブルとイスを運んで並べただけのシンプルなものだ。期間と時間を絞ったテスト的な営業だった。

それでも初日を迎えた7人は、慣れないウエーター姿で準備をした。そして、心の中では、「こんな早朝に、わざわざお客様が集まるだろうか」とドキドキしていた。

だが、しばらくするとお客様は次々にやってきた。お客様の姿を見るたびに、7人は飛び上がりたいくらいうれしくなった。2年間かけて、やっとのことで身につけた笑顔とあいさつが、このときには驚くほど自然に出た。

この日は雲海が見られなかった。しかし、お客様は気温13度の心地よい早朝の空気の中で、トマムの雄大でみずみずしい風景を堪能していた。7人は次々に飛び込んでくる注文に追われた。

お客様は途切れることがなかった。スタッフは「このままでは大変だ」と慌てた。追加の

テーブルとイスをふもとから山頂駅までトラックで運び、急ごしらえで座席を増やした。研修を重ねたとはいえ、サービス面は不慣れでミスもいくつか出た。それでも、お客様には満足そうな笑顔が目立った。伊藤はその様子が何よりもうれしかった。

「うわあ、すごいなあ」と思わず声を上げるお客様の笑顔を見るうちに、不安ばかりだった鈴木も、お客様に喜んでもらう楽しさに目覚めた。

2カ月の期間中に約5000人が集まり、テスト営業は大成功だった。伊藤はこの様子を秋の戦況報告会で発表し、本格展開を訴えた。

星野は微笑んだ。「面白い。いいね」。

現場を知るスタッフが大きな力を生む

サービスの具体的な中身づくりについて、星野は現場に任せた。

伊藤は2006年の正月から、早くもその年の夏に向けて、企画を練った。テスト期間中には、お客様から「営業開始の時間をもっと早くしてほしい」「地面が砂利で、何だかさびしい」「注文したものが出てくるまで時間がかかる」など改善を求める声も多数集まっていた。

伊藤はそうした声を取り入れながら、企画書をまとめて提案した。伊藤は「雲海をもっと楽しんでもらうために、テラスを建設したい。そして、お客様にもっとアピールしたい」と説明した。

トマムは再生中のため、新規の投資に星野は慎重だった。だが、伊藤の提案を星野は受け入れた。

伊藤はこのとき、この場所でゲームを行うなどイベント化することも提案した。しかし、星野は「雲海の見えるカフェといっても知らない人が多い。まずは、この場所自体を知ってもらうことに専念しよう」と方向を定めた。

星野はこうして誕生したカフェを「雲海テラス」と名付けた。夏の限定サービスとして人気を呼び、2007年は約1万7000人が集まる大ヒット企画となった。伊藤たち7人が自分たちの力で新しいサービスを生み出したことに、星野はトマム再生の足取りの確かさを感じた。

「裏方」を自認していたゴンドラ担当の7人の取り組みが、トマムばかりか、北海道の新しい魅力を掘り起こした。星野はその理由を「トマムのスタッフが、顧客志向になったからこそ、実現できた」と強調する。

星野はトマムの再生に当たって、顧客満足度の向上を強調し続けてきた。そして、スタッフが考えて動くように、自由な議論を続けた。それがスタッフを変えた。現場スタッフの顧客志向の行動が、雲海テラスの大ヒットを生んだ。

実はトマムの再生がスタートしたばかりのとき、星野は敷地内を自分の足でくまなく歩き回っていた。スキーを履いて滑り降りながら魅力を探し続けた。そんな中で、ゴンドラで山頂に登ったとき、「ここで何か雄大な自然を観賞できるものがあればいいのだが」と考えたことがあった。

「雲海を見ながらコーヒーを」という企画案を聞いた当初から、星野は「新たに夏の北海道の魅力を象徴する風景になる」と直感した。だから、ゲームなどでイベント化するのでなく、あえて場所の魅力を知ってもらうことを優先した。

基本的な方向が定まると、具体的なサービスの中身はスタッフに任せる。それが星野のやり方だ。「現場を知るスタッフが、『お客様に喜んでいただきたい』と思うようになったとき、大きな力が生まれる。その力にはどんな専門家も勝てない」と考えるからだ。

いつしか雲海での仕事にどっぷり浸かる

自分たちで作り上げたサービスの魅力に気づいた7人は、トマムにふさわしいサービスとは何かを考え続けた。そして、雲海テラスにさまざまな工夫を付け加えている。

その一つが「雲海予報」だ。雲海は、必ず毎日見られるわけではない。伊藤によると、雲海テラスを営業する夏の期間中、雲海が発生する確率は3～5割ほどだという。

7人は「雲海を見られるかどうか」を気にするお客様の気持ちに少しでも応えようと、気温や湿度などに加えて、「ある方角に午後から雲が出ると、翌朝は冷え込む。するとトマムは雲海が出やすい」など自分たちの経験則も生かし、雲海が出る確率を伝える「雲海予報」を独自に作ることにした。そしてこれをホテルフロントに掲示して、「雲海が出ない日があっても、それはそれで楽しめるようにしよう」と考えた。

伊藤はここでも「お客様を楽しませよう」と、雲海予報を出す「雲海仙人」の役を買って出た。別の部門から「できるかできないか分からないサービスの確率を出すなんて、おかしい」という批判があったが、社長の星野は「何でも枠にはめるのは良くない。チャレンジしてみよう」と、この試みに賛成した。

伊藤は反対する人に「何かクレームがあったら、ゴンドラ部門ですべて対応する」と約束してこのサービスを始めた。実際に始めると、お客様は「雲海予報」を楽しみ、クレームはまったく出なかった。伊藤はさらにほかの部門と協力して、毎朝、雲海の様子やゴンドラの運行状況などの情報をフロントに流す体制も作った。

お客様が雲海テラスをさらに楽しめるようにするための新しい試みも始めた。

例えば、ゴンドラ乗車券を雲海の風景の絵はがきにしたのもその一つだ。その絵はがきに雲海テラスでメッセージを書いて送れるように、山頂にポストも設置した。

これは「雲海テラスで過ごす特別な時間を、特別な思い出にしてもらう」ための試みで、鈴木の発案でスタートした。はがきには雲海をデザインしたスタンプが押してある。

さらに2008年からは、レストラン部門も加わって軽食メニューの提供もスタートするなど、雲海テラスはトマム全体で取り組む大きなプロジェクトに育った。夏場の宿泊客の約3割は雲海テラスを訪れる。

やがて伊藤が別のプロジェクトに移った。すると、鈴木がゴンドラのメンバーの責任者になった。7人の中でも、雲海テラスがうまくいくかどうかとりわけ不安が大きかった鈴木は、いつしか雲海での仕事にどっぷりとはまっていた。雲海仙人も鈴木が務めることになった。

「もっとお客様に喜んでもらうためには何ができるのか」。顧客満足度を知ったスタッフのチャレンジは続く。

アルファリゾート・トマム

北海道占冠村にある日本有数のリゾート施設。4棟の高層タワーホテルを中心にスキー場、レストラン、屋内プールなどを備える。1983年にオープンした後、バブル崩壊で開発会社が経営破綻。星野リゾートは2004年から一部の経営に参加し、2005年から全体を一括運営している。

踊る超名門旅館

古牧温泉 青森屋(青森県三沢市)

「これは広い。あまりに広い。ここを再生するなんて本当にできるのか……」

佐藤大介は底冷えのする本州の最北・青森で、ため息まじりの白い息を吐いた。厳冬の北風が吹きすさぶ中、佐藤はJR三沢駅から約10分かけて、旅館「古牧温泉 青森屋」に歩いてやってきた。

初めて見る青森屋は想像を超えるほど広かった。東京ディズニーランドの1・4倍、約73万㎡の広大な敷地内に、3つの旅館のほか、茶室や池などが点在する。どこまでも広がっているのではないかと錯覚するほどに広い敷地を歩きながら、佐藤は自分がこれから挑む仕事の大きさを実感した。

三井物産マンから星野リゾートのパート社員に

青森屋の創業者は「日本資本主義の父」と呼ばれる渋澤栄一の書生を務めた人物で、その縁から敷地内には渋澤旧宅を移築している。

かつて皇室も訪れるほどだった「超名門旅館」は、時代の波について行けずに業績が悪化した。一泊朝食付き3000円まで宿泊代を引き下げて生き残りを図ったが、結局、行き詰まった。

青森屋は外資系投資会社に所有権が移り、星野リゾートは2005年、投資会社から運営を受託した。

青森屋にやってきた佐藤は、髪を短く刈った精悍な顔つきで、歯切れ良く語る。佐藤はもともと旅館やホテルで働いていたわけではない。大学卒業後、三井物産に入り、ニューヨークに駐在した。鉄道関連のビジネスを手がけ、高級アパートに住み、結婚して娘も生まれるなど、商社マンとしての生活は順風満帆だった。だが次第に「最終的なお客様の顔がはっきり見えない」ビジネスにもどかしさを感じた。

そして、お客様に直接向かう仕事、とりわけホスピタリティを持って臨むホテル・旅館に関心を持ち、ホテルビジネスに強い米国の大学で学ぼうと考えた。調べてみると佐藤が入学を希望する大学は、事前に「一定期間の実務経験」が必要だった。佐藤は「実務経験を積むために旅館・ホテルで働くが、一定期間が過ぎたら辞める。周囲に迷惑をかけないよう働きたい」と考えた。そこでたまたま求人広告を見た星野リゾートに時給900円のパート社員として入った。

忙しく働くうちに、佐藤はこの仕事の面白さに目覚めた。留学するプランは次第に色あせたものとなった。佐藤は1年後、星野リゾートの正社員となった。

青森屋の再生を星野リゾートが手がけると決まったとき、佐藤は「ぜひやらせてほしい」と立候補して、旅館の運営を取り仕切る総支配人職に就いた。

総支配人職は、佐藤にとって初めての大役である。冷たい真冬の風の中を歩き続けて青森屋に到着した佐藤は、武者震いする思いだった。そして、「ここまで来たらやるしかない」と決意を固めた。

「のれそれ」で再生

佐藤にとって幸いなことに、約230人のスタッフの気持ちは予想していた以上に前向きだった。青森は全国平均に比べて雇用情勢が厳しいこともあり、退職する人が少なく、ひたむきな気持ちで仕事に取り組む人が目立った。

「経営破綻でスタッフの気持ちがどれほど落ち込んでいるかと思った。だが、来てみるとオーナー企業や運営が変わる中で、スタッフも変わろうという意識が強い。スタッフはお客様のために自分で考えて動こうとしている」。佐藤はこう感じた。

ただし、物足りないと感じる点もあった。例えば、会議の場などで発言する人が少ないことだ。星野リゾートには「言いたいことは、言いたい人が、言いたいときに言う」という文化がある。青森屋のスタッフが星野リゾート流に慣れるには時間が必要だった。

再生が始まると、社長の星野佳路は毎月のようにこの地に来た。

星野がまず佐藤に指示したことは「コンセプトづくり」である。これは調査会社のマーケティングデータを基に、旅館の目指す方向を議論してまとめるものだ。施設に合ったサービスを徹底させるために、星野リゾートは再生の際に必ず行う。

佐藤はコンセプトづくりを担うコンセプト委員会のメンバー8人を募ったが、3人しか集まらなかった。残りのメンバーは佐藤が「年齢や役職を気にせず、頑張ってくれそうな人」に声をかけて集めた。

委員会の会議では、なかなか発言が出なかった。スタッフは「言いたいことを言ったら何をされるか分からない」と疑心暗鬼で、議論すること自体に慣れていなかった。

それでも話し続けているうちに、スタッフは「本当に言いたいことを言っても大丈夫なのだ」と気づき始めた。待望の春が来て、短い夏が過ぎるうちに、スタッフは少しずつ自分の考えを口にするようになった。

佐藤はそんな様子を見てうれしくなった。いつしか、「すべてを一気に変えることはできないが、開き直って取り組もう」と考えるようになった。

約半年間の議論を経て、「のれそれ青森」というコンセプトが決まった。「のれそれ」とは津軽弁で「精いっぱい」「全力で」という意味である。青森の魅力を伝えることで顧客満足度を上げ、集客、利益につなげよう——という狙いである。

「一歩ずつ前進してきたぞ」。佐藤はそう思った。

誰も踊らないなら、まずオレが踊る

コンセプトが決まり、お客様が青森の魅力を体感できる場として、レストラン「みちのく祭りや」を新設することが決まった。食事は郷土料理を振る舞う。同時に、ねぶたの踊りなどで会場を盛り上げ、お客様に青森の文化を体全体で楽しんでもらう。「みちのく祭りや」を作ることによって、青森屋が変わったことを知ってもらおう。佐藤はそんな思いを持った。

そのハードの準備は、宴会場を改装することで、着々と進んだ。だが、ソフトづくりは遅れた。会場を盛り上げる踊り手などを新たに雇う余裕は再生中の青森屋にはなかった。佐藤は「それならば、レストランの厨房担当もフロア担当も一緒になって、全員で盛り上げよう」「スタッフ自らが踊って盛り上げよう。お客様を楽しませよう」と提案した。

変わり始めたかに見えたスタッフだったが、佐藤のプランに対して反応は鈍かった。「自分にはできない」「そんなことまでする必要があるのか」「何をバカなことを言っているのか」と消極的だった。佐藤はいきなり壁にぶつかった。

悩んだ末、佐藤は「誰も踊らないなら、まずオレが踊る」と宣言した。そして仕事が終わると、毎晩、踊りの練習を始めた。その姿を陰からのぞき見るスタッフに気づくと、佐藤は「半強制的に」踊りの輪に誘い入れた。

最初は乗り気でなかったスタッフも汗を流して踊るうちに、お客様をもてなすために踊る楽しさに気づいた。青森に来て数カ月の佐藤と違い、地元出身のスタッフは、踊り始めると上達は速かった。抵抗感を持っていたスタッフも踊り始めたらすぐに熱中した。

笛や太鼓は、「誰もやらなかったら自分がやるしかないか」と佐藤は思っていたが、スタッフはいつの間にか「自分たちにやらせてほしい」と練習を始めた。踊りの輪はあっという間に広がった。


佐藤はお客様を楽しませる意味をスタッフにもっと知ってもらおうと思った。そこでスタッフを東京に連れて行き、さまざまな店をはしごした。やがてスタッフから、「お客様に楽しんでもらうために、司会役は方言で話そう」などの提案が次々と出てくるようになった。

レストランの内装は、青森文化を感じるレベルまで至っていなかった。会場を華やかにするために、佐藤は青森を代表する祭りであるねぶたの屋台を置きたいと思った。しかし、調べてみると1台2000万円もする。再生中の青森屋に買うのは不可能だった。佐藤は知恵を絞り、実際に祭りで使われた屋台に目をつけた。

屋台は毎年、祭りが終わると壊してしまう。それを何とか譲り受けることはできないか。佐藤は「青森文化を伝えるレストランを作りたい」と行政や企業を回って頭を下げた。す

ぐに青森屋の近くを路線が通るJR東日本が「祭りが終わったら、無料で譲る」と申し出てくれた。輸送費などはかかったが、屋台本体は無料だった。佐藤はほかに2台の屋台を借りた。こうして店内に「青森ねぶた」「弘前ねぷた」「八戸三社大祭」と三つの祭りの巨大な山車が並んだ。

新しいアイデアをたくさん盛り込み、「みちのく祭りや」は営業を開始した。

色鮮やかな屋台の光の下で、レストランのスタッフは太鼓をたたき、ねぶたの踊り子「はねと」の衣装で「ラッセーラー」と声を出して踊った。テーブルには近海でとれた新鮮な刺し身や、郷土料理の「せんべい汁」などが次々に運ばれた。お客様が踊る「体験コーナー」も始めた。

店内は笑顔が絶えなかった。スタッフが一体となって店内を盛り上げる「みちのく祭りや」は青森屋の再生の象徴になった。

頑張っているスタッフに賞与を出せない？

スタッフが積極的に動く姿を見た佐藤は、次の再生策を繰り出した。業務効率化を進めるための「サービス・チーム」の導入である。

日本の旅館は通常、「フロント」「レストラン」「清掃」などに業務を分業している。しかし分業すると、スタッフの待ち時間が多くなり、人件費が重くなる。これに対して星野リゾートは、スタッフが数人単位でサービスチームを組み、さまざまな仕事を兼務する。だから作業効率が高い。

サービスチーム導入に対して、従来のやり方に慣れた青森屋のスタッフは戸惑い、混乱することもあった。改革に反発する人もいた。そのたびに佐藤はサービス・チーム導入の意義を繰り返し説明した。スタッフは必死に取り組むようになり、その努力はやがて経費削減と収益改善の数字となって表れた。

佐藤はスタッフの頑張りがうれしかった。「何としてもきちんとした形で報いたい」と思うようになった。

佐藤はこのとき、スタッフに対する賞与が気になった。

青森屋はかつて「超名門」だったころ、スタッフの賞与が高いことが近隣で有名だった。しかし業績悪化で状況は一変した。賞与の金額は次第に減り、この7年間は支給自体がストップしていた。

運営を引き継いだ星野リゾートの賞与には、基本賞与と決算賞与がある。

基本賞与は社員の能力に応じて決まるが、再生途上の青森屋はその支給対象から外れていた。

決算賞与は利益と顧客満足度によって決まる。青森屋の収益改善は着実に進んでおり、佐藤は「これは決算賞与を出せるかもしれない。何とかして、血のにじむような努力で頑張っているスタッフに報いたい」と思った。

「賞与の支給が実現するならば、社員向けの決算発表会の場で伝えよう」。佐藤は密かにそう考えていた。

スタッフの頑張りを見て、星野が決断

だが、その望みはかなわなかった。青森屋は目標をあと一歩で達成できなかった。

「ダメだったか……」。結果を知った佐藤は大きく一つ息を吐いた。「この数字では、決算賞与の支給基準に達しない。みんなあれだけ頑張ったのに」。

佐藤はスタッフの顔を一人ずつ思い浮かべた。「みちのく祭りや」を盛り上げようと踊りの練習に汗を流した人もいれば、地道な業務改善提案を続けた人もいた。誰もが旅館を立て直そうと自分で考えて動いていた。

それだけに佐藤はあきらめ切れなかった。「ダメでもともとだ。社長に相談してみよう」。佐藤は星野に思い切って尋ねた。

「スタッフは青森屋の再生に本気で取り組み、成果を上げています。数字が決算賞与の基

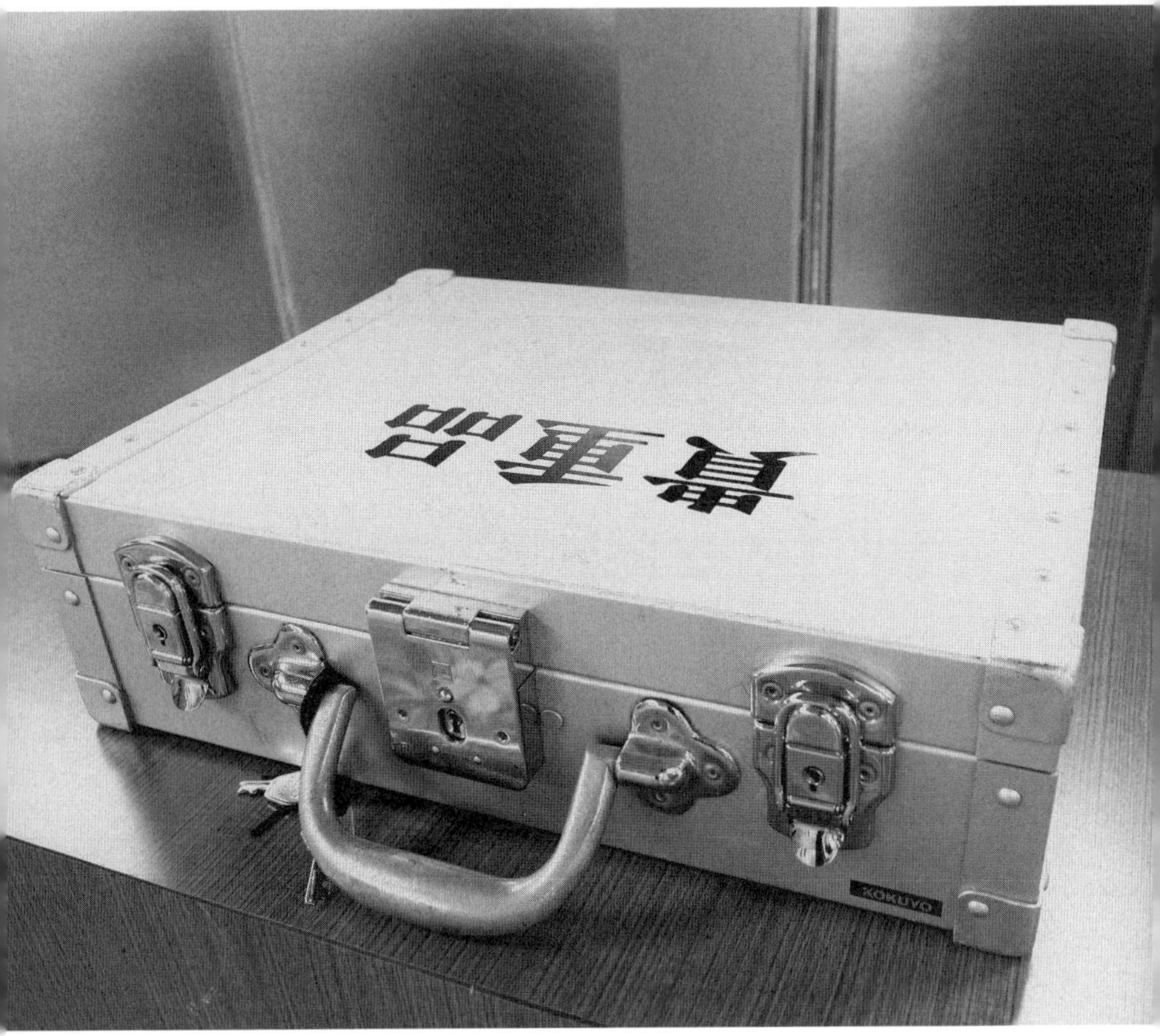
貴重品
KOKUYO

準に達していないのは承知していますが、何とかならないでしょうか。賞与を支給することによって、頑張ったらその分、きちんと自分に返ってくることをスタッフに知ってほしいんです」

星野は何度も青森屋を訪れていた。同時に佐藤からさまざまな報告を受けていた。それだけにスタッフの頑張りや、現場をまとめてきた佐藤の気持ちも分かった。星野はきっぱりと言った。

「分かった。今回は賞与を出そう!」

しかし、基準に達していないのに、決算賞与を出すことはできない。星野は一計をめぐらせ、社長判断による「特別賞与」として支給することを決めた。

星野リゾートに特別賞与の規定は存在しなかった。星野は佐藤の話を聞きながら、ボーナス支給の新しい仕組みをその場で作った。星野が振り返って語る。

「青森屋のスタッフが、自分たちの取り組みに自信を持ってほしいと思った。企業にとって目標達成は大事だが、それにこだわりすぎないほうがいいときがある。今回はプロセスを重視し、『ここまで来たのだから、出そう』と決めた」

青森屋で7年ぶりの賞与支給が決まった。佐藤は星野の決断に感謝した。

佐藤は「せっかくだから賞与支給を盛り上がるイベントにしよう。当日まで秘密にして驚かせよう」と決めた。佐藤は支給方法のアイデアを考え、念のため星野に確認した。

星野は苦笑いして言った。
「それは現場で決めることだから、それでもいい。それにしてもねえ。面白いことを考えるなあ」

ジュラルミン製の書類ケースから飛び出したもの

社員向け決算発表会の当日。佐藤は淡々と決算内容を説明しながら、集まったスタッフを前に、「残念ながら今年の決算は、目標値にはわずかに達しなかった」と静かに伝えた。集まったスタッフは「あれだけ頑張ったのに、今回はまだ届かなかったのか……」と落胆し、重苦しい空気が会場内を覆った。

そのとき、佐藤は足元からジュラルミン製の書類ケースを取り出し、演台の上にドカッと置いた。スタッフが驚いて見つめる中、佐藤はゆっくりとケースを開いた。中には封筒が詰まっていた。事情がつかめないまま、きょとんとしたスタッフの表情を見た佐藤がにやりと笑った。

「突然ではありますが、これから特別賞与を支給します」

きつねにつままれたような表情のスタッフをよそに、佐藤は一人ずつ封筒を手渡した。封筒の中身は現金で、1万円札が10枚入っていた。全員が同じ金額だった。

佐藤は前日、ごく一部の経理担当者と、スタッフ約230人分の特別賞与に当たる約2300万円の現金を銀行から引き出した。そして、深夜までかけて、10万円ずつ自分の手で数えて分け、封筒に詰めた。それをジュラルミンケースに入れ、会場に持ち込んだ。ジュラルミンケースは旅館の結婚式場で祝儀袋を入れるために使ってきたものである。

佐藤がにやりと笑って語る。

「インパクトを持たせる演出をして、スタッフを少しでも驚かせたいと思ったんです。その一心で現金を用意し、ジュラルミンケースも探してきました。同じ10万円を渡すにしても、気持ちのこもった10万円にしたいと考えました」

スタッフは賞与を受け取ることが久しぶりで、「初めて」という人もいた。だから、現金を手にしても、どう反応していいか分からない様子だった。

それでも時間が経過するうちにスタッフの表情は緩んできた。そしていつしか会場は笑顔や歓声であふれ返った。スタッフの喜ぶ姿を見た佐藤は、社員の頑張りと、星野の決断に対して、改めて心から感謝した。

青森屋のスタッフの中には、星野リゾートが運営するほかの施設の応援に出ているため、決算発表会に出席できない人もいた。佐藤は北海道、石川などにも行き、直接、現金10万円入りの封筒を渡して回った。

スタッフはさらにモチベーションを高め、青森屋の再生ペースは加速した。

古牧温泉 青森屋

青森県三沢市にある温泉旅館。約73万㎡の広大な敷地内に、3つの旅館のほか、渋澤栄一の旧宅や茶室などが点在している。創業一族による経営が破綻後、外資系金融機関の子会社が保有。星野リゾートは2005年から運営を手がけている。

新入社員のブチ切れメール

アルツ磐梯（福島県磐梯町）

星野リゾートの新入社員、川村美穂が「アルツ磐梯」に赴任してから2カ月が過ぎようとしていた。川村はこの地に来てから、もう何日も悩み続けていた。

「自分は間違っていない。しかし自分の気持ちをほかのスタッフに伝えたら、反発を招いてしまうかもしれない。そうなったら、この場所で働きづらくなるかもしれない……」

星野リゾートは新人に対する教育をOJT（職場内訓練）で行っている。新人は星野リゾートが全国各地で運営する施設のうち、いずれかの3カ所で数カ月間ずつ教育を受ける。OJT先は会社が決め、1年間の教育を経た後で、正式な配属先が決まる。

川村はOJTの1カ所目が「星のや 軽井沢」だった。そして、2カ所目も同じ軽井沢にある「ホテル ブレストンコート」だった。

軽井沢は星野リゾート発祥の地である。それだけに、先輩社員は誰もが顧客満足度を高めようと奮闘していた。社員は積極的に自分の考えを主張し、そして自ら動いていた。その姿から、川村はこのビジネスの厳しさを実感した。

川村は「自分も先輩のようになろう」と努力を続けた。なかなかうまくいかないこともあったが、少しずつ仕事を覚えた。それと同時にお客様をもてなすことの喜び、やりがいを少しずつ知り始めていた。

顧客満足度について、川村はちょっとしたこだわりがある。

顧客満足度がリピーターを増やす

星野リゾートは川村にとって、就職活動を始めるまでまったく知らない会社だったが、友人に誘われるまま会社説明会に参加した。そこで社長の星野佳路は学生を相手に、顧客満足度について語った。

「山、川、海と3カ所のリゾートがあります。この中から1カ所ずつを選んで3回旅行に行くチャンスがあるとしましょう。それぞれどのリゾートに行きますか」。星野はこう問いかけた。学生は誰もが「3回とも別のリゾートに行く」と口をそろえて答えた。

これに続けて星野は、「では、お客様の満足度を高めるにはどうしたらよいでしょうか」と問いかけた。すると学生の多くは、「3回とも別のリゾートに行くならば、いちいちお客さんを満足させる必要なんてあるのか」と逆に尋ねた。

星野は「同じリゾートに再び訪れてもらうのは、それだけ難しい。だからこそ、リピートしてもらえるように顧客満足度を高めることが必要だ。それだけ顧客満足度を上げるのは大切なことだ」と語った。

この星野の答えが、川村の心をとらえた。川村は星野の説明に引き付けられ、顧客満足度を高める取り組みを自分の仕事にしたいと思った。「ぜひここで働きたい」と考えて、大学を卒業後、星野リゾートに入社した。

川村は、軽井沢の「星のや」、「ホテル ブレストンコート」でOJTを受ける中で、実際にサービスを担当する立場から、顧客満足度について考えるようになっていた。そして、3カ所目のOJT先としてアルツ磐梯に来た。

最初に覚えた違和感は苦悩の日々への序曲だった

アルツ磐梯はもとの運営会社が破綻した後、星野リゾートが2003年から運営している。川村が赴任したとき、星野リゾートによる再生が始まってから2年間が過ぎていた。施設を見直すと同時に、ターゲットと定めた家族向けサービスを増やすことで、経営状況は上向きつつあった。

だが当時、スタッフはまだ意識改革の途上で、サービス体制に不十分な面があった。改革に対する意欲もあと一歩足りず、各部門の課題をスタッフが自由に話し合う毎月の「戦況報告会」で発言する人は少なかった。

川村は赴任から数日で「これまでのOJT先と違う」「軽井沢と比べると、何だかアルツ磐梯は変だ」と感じた。

その違和感は苦悩の日々への序曲だった。

冒険王国
リフト状況
コース状況
burton
Outlook

川村はスキー客に情報やサービスを提供する「インフォメーション」に配属された。これまでの旅館、ホテルと違うスキー場での仕事に、川村は新鮮な気持ちで臨んだ。

一方で、気になることがあった。それは顧客満足度に対するアルツ磐梯のスタッフの姿勢である。

ある日、スキー板のレンタルサービス終了時間ギリギリになって、お客様が「借りたい」とやって来た。が、スタッフは「もう時間がないから、貸せない」と断った。お客様は残念そうに引き上げた。

その姿を見た川村は、「お客様が喜ぶ姿を考えたら、レンタルすべきだ」と思った。そして、「軽井沢で学んだお客様への姿勢に反する。おかしい。ひょっとしてここにいるスタッフはお客様の方を向いていないのではないか」と感じた。

だが、川村は自分の気持ちを周囲に打ち明けられなかった。

「自分は入社してまだ数カ月。しかもアルツ磐梯に来て数日にすぎない。そんな自分が『サービスのやり方がおかしい』と言い出したら、『何も知らないのに、何を言うのか』と反発を受けるかもしれない」

しかし、「おかしい」と感じたのはこのときだけではなかった。

川村はその後も、顧客への配慮を欠いたスタッフの振る舞いを何度か目にした。

「スタッフそれぞれが、お客様のためにできることにしっかり取り組んでいくのが基本のはずなのに……」

年末年始の忙しさが続く中、川村は悩みを深めた。

「このまま何も言わないままでいいのか。このままＯＪＴの期間が過ぎてしまって、本当にそれでいいのだろうか」

アルツ磐梯に来て２カ月が過ぎようとしていた１月後半、川村の悩みが爆発する出来事がとうとう起きた。

「来てください！」

アルバイトの慌てた声で川村は「赤ちゃんお昼寝ルーム」に駆けつけた。

「赤ちゃんお昼寝ルーム」でトラブル発生

アルツ磐梯は再生に向けて、ファミリー客を主要なターゲットと決めた。これに合わせて、さまざまな家族向けサービスを充実させた。「お昼寝ルーム」はその一つで、スキー場に来た乳児が休憩する部屋である。

川村が現場に行くと、「お昼寝ルーム」を更衣室代わりに着替えをするお客様が続出していた。このため、乳児連れのお客様がこの部屋を使えなくなっていた。

急いで原因を調べると、スキー・インストラクターのスタッフ約30人が更衣室で会議を開いていることが分かった。更衣室が使えないお客様をスタッフが「お昼寝ルーム」に誘導した。その結果、乳児のスペースがなくなった。

「これは大変だ」

川村はすぐに動いた。

「今すぐに会議をやめてください。この部屋から出てください」

お客様を無視して会議を開いていたインストラクターのリーダーに対して、川村ははっきりした口調で訴えた。川村はこのとき、不思議なくらい言葉がすっと出てきた。

だが、50代の男性リーダーはまともに取り合おうとしなかった。

「ミーティングを始めてしまった。すぐ終わるから」

会議のメンバーは誰も動こうとしない。川村はリーダーと話し合った。だが、リーダーから「会議が終わったら川村に連絡を入れる」という言葉を引き出すのが精いっぱいだった。やむを得ず、川村はリーダーからの連絡を待った。何時間過ぎても会議終了の連絡がなかった。しびれを切らした川村が更衣室に行くと、会議は終わっていた。リーダーはお客様を無視して会議を開き続けただけでなく、川村との約束も破っていた。

川村は1人で会議の片づけをして更衣室を元通りにして、「お昼寝ルーム」も通常通りに使えるようにした。それから川村はリーダーを捜した。ようやく居場所が分かり、内線電話でリーダーと話すことができた。

川村は「会議が終わったのにもかかわらず、どうして連絡しなかったのか」と尋ねた。リーダーは川村の問いかけに対して、あいまいな返事をするばかりだった。川村が粘って説明を求めようとした。リーダーはまったく取り合わなかった。そして、「会議で使ってしまったのだから、もうごちゃごちゃ言ってもしょうがないだろう」と言うと、冷たい口調で電話を切った。

川村の中で何かが切れた。

「これはあまりにもおかしい。おかしすぎる」

「このメールを本当に送っていいのか……」

川村は「インフォメーション」の事務室に走り、パソコンの前に座った。そして約30分かけて、一気にこの出来事を電子メールに書いた。川村は「お客様のことを考え、アルツ磐梯にかかわる全スタッフに知らせなければならない」と思った。

「自分が今、動かなければならない。お客様のことを考えたら、ここで動かないのは、おかしい」

送信ボタンを押そうとしたとき、迷いが出た。

「このメールを本当に送っていいのか……」

川村は二つの考えが浮かんだ。

一つは自分の気持ちを押しとどめることだった。自分はＯＪＴで来たのであり、アルツ磐梯のすべてが分かっているわけでない。しかも、この出来事をほかの人に伝えることで、職場内がぎくしゃくしてしまうかもしれない。一緒に仕事を続けるのが大変になるのではないか。ＯＪＴはいずれ終わるのだから、その間だけ「我慢」すればいいのではないか。

もう一つは、「切れた」気持ちをしっかりと伝えることだ。リーダーの行動は星野リゾートの考えに明らかに反している。顧客満足度に共鳴した自分にとって、お客様の立場に立って、しっかり対応するべきだ。

川村はどうしたらいいか分からなくなり、メールの文章を何度も見直した。そして、そのまま約15分間、パソコンの画面とにらめっこを続けた。気持ちが決まるどころか悩みはいっそう深くなった。

川村はＯＪＴで一緒にアルツ磐梯に来た同じ新人女性社員に自分の気持ちを打ち明けてみた。すると、その女性社員も川村と同じように、悩んでいた。「アルツのスタッフの対応は軽井沢のスタッフと違う」と思っていたが、周囲に訴えられないままだった。女性社員がきっぱりと言った。

「私もここのスタッフは変だと思っていた。こうなったら、全員に伝えたほうがいい。もう送っちゃおうよ」

川村はどきどきしながら、勇気を振り絞ってメールの送信ボタンを押した。あっという間にメールはアルツ磐梯にかかわる全員に送られた。

送信し終わったメールの文面を見つめながら、川村はこれからどんな反応が起きるのか分からず、どきどきした気持ちになった。

「負けるな。頑張れ、新人！」

川村のメールに対して、真っ先に反応したのは、社長の星野だった。東京のオフィスにいた星野は、川村のメールにピンと来た。

星野はアルツ磐梯の再生がスタートして以来、何度も訪れていた。スタッフのお客様に対する姿勢に不十分な点があると感じていた。アルツ磐梯のスタッフには、顧客満足度という視点がまだ足りないと思った。だから川村の訴えがよく分かったし、何とかしなければならないと思った。

星野はすぐに川村にメールを送った。

「負けるな。頑張れ、新人！」

川村は、社長から届いた返信メールに驚いた。メールをアルツ磐梯の全スタッフに送ると決めたとき、送り先に社長が含まれていることを知っていた。だが、新入社員の送ったメールに対して、まさか社長から真っ先に反応があるとは思っていなかった。

社員一人ひとりが自由に発言できるフラットな組織を目指す星野の考えは知っていた。入社式で星野と話したことはあった。それでも、組織が大きくなってきた星野リゾートでは、社長と新入社員の距離は遠いと思っていた。自分は多数の新入社員の一人であり、社長は私が星野リゾートにいることすら認識していないかもしれないと思っていた。

それだけに、川村は星野のメールにびっくり仰天した。

「間違ってなかった。声を出して良かった」

川村は同時に、短い言葉に込められた星野の励ましがうれしかった。

星野は川村にメールを送るとき、二つのことを考えていた。一つは、何よりも勇気を出した川村を励ますことである。顧客満足度へのこだわりを応援したいと考えた。もう一つは、自分のメールが議論の妨げにならないようにすることである。

スタッフが自分の意見を自由に語り合うからこそ、当事者意識を持って動き、顧客満足度を高められる——。星野はこう考える。アルツ磐梯のスタッフは当時、この点が不十分だった。

星野は「川村が素直に語ったことが、アルツ磐梯のスタッフが自分の意見を語るきっかけになればいい」と考えた。川村のメールに対して自分の考えを表明したら、スタッフはその瞬間から、星野の声を聞くだけになってしまう。

星野は自分の発言が議論を止めないようにすることにこだわった。このため、「負けるな」というメールを送る相手は、川村とその相談相手の新人女性社員だけに限定した。そしてスタッフ同士の議論の行方を見守った。

「あのメールは良かった」

この夜から、アルツ磐梯のスタッフ間を何本ものメールが飛び交った。総支配人も、インストラクターのリーダーも加わった。川村のメールがこの日の出来事の問題点を次々に浮かび上がらせた。

やがてメールでの議論は、川村が訴えた出来事だけにとどまらなくなった。アルツ磐梯のスタッフのお客様に対する姿勢全般についても語られるようになり、さらにメールが飛び交った。どのメールも、顧客満足度について語り、お客様をきちんと見据えたサービスのあり方を語っていた。星野は議論が良い方向にあると感じた。

スタッフはこの日を境にこれまで以上に自分の考えを積極的に語るようになった。お客様からクレームがあった場合も、お客様から褒められた場合も、同じようにスタッフが情報を共有してサービスの質の向上に取り組み始めた。毎月の「戦況報告会」も発言が一気に増加した。さまざまな場面でスタッフが動き始めた。

アルツ磐梯の顧客満足度は少しずつ上がった。これはやがて収益の改善に結びついた。スタッフの意識が変わり星野リゾート流の経営が浸透したことによって、アルツ磐梯は2006年に黒字化を達成した。

後日、星野がアルツ磐梯に来たときに、川村は星野からこう言われた。

「あのメールは良かった。川村さん、面白いよ」

星野は新入社員と話をするとき、このときのエピソードを交えて「自由に発言する星野リゾートの文化」の大切さを語る。

OJTを終えた川村は、そのままアルツ磐梯に配属された。今はサービスチームのアシスタントディレクターである。川村は「お客様に満足していただくにはどうしたらよいのか」について、考え続けている。

アルツ磐梯

福島県磐梯町にある総合リゾート施設。スキー場を中心にホテル、ゴルフ場などを備えている。磐梯山と猪苗代湖を望む絶好のロケーションにある。バブル崩壊で経営破綻後、星野リゾートが2003年から運営している。

一枚のもりそば

村民食堂（長野県軽井沢町）

電話が鳴ったのは午後9時過ぎのことだった。

軽井沢の飲食店「村民食堂」では、いつものように閉店時間が近づいていた。この店の責任者、ユニットディレクターの大串桂史は、お客様の大半が帰った店内を見ながら、「今日も無事一日が終わるな」と、心地よい疲れを感じ始めていた。

村民食堂は、星野リゾート発祥の地である軽井沢の星野地区に2002年、オープンした。メニューは昼は定食中心で、夜は居酒屋になる。店名の由来は、軽井沢ゆかりの作家、堀辰雄の小説『美しい村』の中からとった。店内には約160席ある。

この店の特徴は、お客様の中に近隣にたくさんある別荘の利用者が多いことである。

星野リゾートは軽井沢で、旅館・ホテル事業に加えて、古くから別荘開発を手掛けてきた。別荘の利用者にとって、常に悩みになるのは食事である。同社は別荘の利用者の顧客満足度を高めるためにアンケート調査を実施してきた。その結果、「わざわざ別荘までくつろぎに来ているのに、料理を作るのが面倒」「周囲には気軽に外食できる場所がない。何とかならないだろうか」という回答が多かった。

村民食堂開設の狙いはこうした声に応える点にある。別荘の利用者が気軽に何度も訪れることのできる飲食店を作ることで、別荘を訪れる人の満足度を上げる。そしてこれを収益につなげる。社長の星野はそう発想した。

その狙いはサービス面にも表れている。例えば夜のメニューは1品1000円以下にするなど、気軽に注文できるように工夫している。季節に応じてメニューの一部を替え、リピーターが飽きないようにもしている。こうした工夫によって、別荘の利用者を中心に、定期的に訪れる「常連」を増やしてきた。

リピート客は非常に重要である。サービス業には「ニッパチの法則」がある。これは「2割のリピート客が、実は8割の利益を生み出す」という収益構造を意味する。リピーターは何度も利用してくれるだけでなく、知り合いなどを連れてきてくれることがある。関連するほかの施設を利用してくれることもある。それだけに星野社長もリピート客を増やすことにこだわっている。

「もう、おたくには二度と行かない」

この夜、閉店間際の村民食堂にかかってきた1本のクレーム電話。その主は、そんな常連客の一人だった。

「いったい、おたくの店はどうなっているのか」

電話を取ったスタッフは突然の言葉に驚いた。受話器を通して伝わるその言葉は激しい怒りに満ちていた。声の調子からすると、電話をかけてきたのは、どうやら年配の男性で

トークバック
再ダイヤル
終了
不在
フック
電話帳
内線
短縮
モニター
検索
発信
音量
保留

ある。

「もうおたくには二度と行かない」

男性の激しい口調のクレームがもたらす緊張感は、すぐに村民食堂のスタッフ全員に広がった。閉店前の穏やかな空気が一変した。緊急事態の発生を察知し、店内に残っていたスタッフ15人全員の視線が、レジにある1台の電話に注がれた。3月の初め、まだ寒い夜のことだった。

相次いだスタッフのミス

責任者の大串はスタッフの様子を見て、自ら電話口に出た。そして、クレームの声を直接聞き始めた。

大串は1972年生まれで、九州のホテルでレストランのソムリエなどを経てきた。信頼する先輩が先に星野リゾートに入ったのを見て、「自分も力を発揮できそうだ」と考えて追いかけてきた。飲食部門の経験を買われて、村民食堂に配属となった。

大串はサービス業の経験が長く、非常に落ち着いた様子で話す。電話を代わった大串に対して、男性は激しい口調で顛末を語り始めた。

男性は電話をかける数時間前、村民食堂に来店し、焼酎の水割り2杯と、天ざるを注文した。いつもだいたい同じメニューを注文するという。水割りを飲み終わるころに、そばが運ばれるのが好みである。

だがこの日、スタッフにミスが相次いだ。

男性はいつものように水割りを注文した。しかし、出てきたのは、お湯割りだった。しかも、そのお湯割りはまったく口が付けられないほど熱かった。男性は困ってしまった。が、このままではどうしようもない。そこで仕方なく、お湯割りが冷めるのをしばらく待つことにした。

そんな状況にもかかわらず、お湯割りがほとんど冷めないうちに、今度はそばがテーブルに運ばれた。このため焼酎が冷めるのを待って飲み終えるころには、そばはすっかり伸び切ってしまった。あまりにも料理を出すタイミングが悪すぎた。

男性は店内にいるスタッフにクレームを訴えた。それでも帰宅後、さらに怒りが増幅したのだろう。改めて電話をかけてきたのである。

電話の男性のクレームはしばらく続いた。大串は男性の話に最後までしっかり耳を傾け続けた。そしておわびを言うと同時に、男性の怒りの中身と理由について、具体的に把握することに努めた。

クレームに対しては、スピーディーな対応が大切である。このため、電話が終わると、大串はすぐに「このまますぐに、男性のもとへ謝罪に行こうか」と思った。しかし、時計は

一枚のもりそば

既に午後9時を回っているため、訪問するには遅すぎる。この日の訪問はあきらめた。

大串はすぐに店にいるスタッフに対して、クレームの中身を詳しく伝えた。その場にいない人にも伝えるために、大串は村民食堂にかかわる全員に対してメールを送り、この夜のクレームの中身について具体的に伝えた。

星野リゾートでは、クレームがあったとき、その情報の共有を徹底する。社長の星野佳路は、「クレームを後ろ向きにとらえてはいけない。前向きにとらえ、『二度と起きないようにするためには、何ができるか』という姿勢で臨むことが大事だ」と強調する。スタッフが同じクレーム情報を持っていれば、サポートに回りやすくなる。それだけに情報の共有は大切である。

大串のメールの送り先の中には、星野も含まれていた。

早春の軽井沢の夜、メールが飛び交う

星野は大串のメールにすぐに気がついた。クレーム情報を前にしたとき、星野はトップとして心がけていることがある。それは、クレーム情報を伝えた社員をしからないことだ。「クレームがあったことをしかっても社員は苦しむだけ。そればかりか、『しかられるならば言わないほうがいい』とクレーム情報が伝わらなくなる。それでは顧客満足度は上がら

ない」と考えるからだ。

逆にクレームを伝えてもしかられることがなければ、クレーム情報は上がりやすくなる。こうして把握したクレームの原因を一つずつつぶすほうが、顧客満足度の向上を実現しやすいのである。

大串のメールを受けた星野はこの夜、村民食堂スタッフのメールのやり取りを、パソコンの画面を通して見続けていた。

「現場がどう考えるか」

こういう場合、星野はいつも、スタッフが議論を続け、自分たちで対応の方向を探るのをじっと待つ。

大串のメールを受けて、すぐにスタッフのメールが飛び交い始めた。大串を中心にスタッフはメールで議論を続けた。次々に意見が届いた。

「お客様は今日、焼酎とそばを楽しもうと、来店いただいた。しかし、残念な気持ちでお帰りになった」

「お客様が怒っているのはサービスに落ち度があったから」

「我々は、良いサービスを提供したいと考えている」

「お客様も良いサービスを求めている」

「だから、値引きや返金に頼るのではなく、まずサービスを『やり直す』ことについて考えよう」

「次の機会には、しっかりしたサービスを提供させていただきたい」

「どうしたら、『やり直し』ができるか」

静かな早春、軽井沢の夜が更ける中で、メールが飛び交う。星野は、スタッフが顧客満足の視点をしっかり意識しており、議論が良い流れにあると感じた。そこで、次のようなメールを送った。

「お客様に対して、誠意ある対応をしてください。何ができるのかについて、皆さんで考えてください」

空気を読んで対応を練る

大串は星野からのメールを見て、クレームに対する自分たちのスタンスが間違っていないと確信した。

メールでの議論を続ける中で、大串はまず翌日、男性の自宅に謝罪に訪れることを決めた。そのうえで、スタッフは「では、お客様のクレームに対して、具体的に何ができるのか」にテーマを移し、議論し続けた。

「二度と行かない」と言われた以上、このままではサービスをやり直すことは難しい。ここをどうクリアしたらよいのか、スタッフは悩んだ。

星野はクレームを前にしたとき、具体的な対応を現場に任せる。メールを通じて、自分にも情報は伝わっている。だからといって現場の空気がすべて分かっているかといえば、そうとは言えない。

「現場の空気を知るスタッフが具体的な対応を考えたほうがいい」。星野はそう考える。

激しく怒っているお客様に対して、どうしたらサービスのやり直しができるのか。スタッフからはさまざまな意見が出た。しかし、なかなか皆が納得するようなプランが浮かばなかった。

やがて一つのアイデアが出た。大串はすぐに「これはいい」「これならば、皆の目指す方向と合っている」と感じた。しかし、本当にこのプランが実現できるのかについて、自信がなかった。

だが、何としてもやってみたい。大串は可能性を探ろうと、すぐに厨房のベテラン、神津尚史のところに飛んでいった。

神津は厨房で、どうしたらいいのかを自分なりに考え続けていた。1960年生まれの神津は長野県内のホテルなどで腕を磨き、星野リゾートに入ったベテランである。この業界での仕事が長い神津は、大串の突然の提案を聞いて驚いた。それは今までまったく聞いたことのない対応だった。

訪問して謝罪するだけで済ませない

「大変申し訳ございませんでした」

クレーム翌日の午前、大串はこの男性の自宅を訪問し、謝罪した。男性は対応の速さに驚いた。さらに責任者である大串が直接訪問したことも良かったのだろうか。男性は穏やかに語った。

「分かりました」

この様子に大串はほっとした。

大串は改めて、男性の感じた問題点を素直に話してもらった。男性の話を聞きながら、村民食堂のスタッフのサービスに行き届かない点があったことをわびた。

そこまで話すと、男性はどこか納得したような、すっきりした様子だった。

しかし、村民食堂のスタッフの思いは「これで終わり」にすることではなかった。大串は続けて言った。

「さて急な申し出になりますが、これからお台所をぜひお借りしたいのです。いかがでしようか」

男性は大串の言葉の意味が分からなかった。大串は一晩かけてスタッフ皆で考え抜いた提案を説明した。

「本日はそばと天ぷらの材料、道具を一式お持ちしております。焼酎もお持ちいたしました。調理スタッフも一緒に来ています。改めてここでメニューをお楽しみいただきたいのです。その準備のために、台所をお借りさせていただきたいのですが」

男性は「そこまでしなくても、いいですよ」「もう十分です」と何度も固辞しようとした。しかし、大串は村民食堂のスタッフの思いを代表して「ぜひお願いします」と頭を下げた。

サービスのやり直しによって、自分たちのサービスへのこだわりを何とか伝えさせていただけないか。大串は約20分間かけて思いを伝えた。スタッフの熱意を前に、男性も折れた。

クレームが笑顔に変わった

同行した神津は、昨夜のうちに準備しておいたなべやざる、皿など道具一式を次々と台所に運び入れた。その場で身支度を整えると、そばをゆで、天ぷらを揚げた。神津にとって初めての経験だったが、とにかく村民食堂と同じ料理を出そうと汗を流した。

料理ができると大串は配膳係となった。男性は料理の皿を前にしても、まだどこか戸惑っている様子だった。それでも食事が進むうちに場は次第に和み始めた。

男性の表情にも笑顔があふれるようになった。楽しい昼食の席になった。男性はやがて自分の趣味について語ってくれた。そして最後には「またぜひ、そばを食べに村民食堂に行くよ」と、にこやかに話した。

クレームが笑顔に変わった。失敗を反省し、創意工夫でサービスへのこだわりを伝えることによって、村民食堂とお客様との信頼関係がさらに強固になった。大串は常連客が戻ることが心からうれしかった。

大串はこの日の様子を星野に報告した。星野はスタッフが苦心して、これまでにないクレーム対応にたどり着いたことが誇らしかった。

もちろん、それだけでない。サービスの原点に立ち返り、同時にクレームの原因についてしっかり調べて、同じことが起きない体制をしっかり作っていく必要がある。星野は改めて肝に銘じていた。

村民食堂

2002年にオープンした星野リゾートの飲食施設。同社発祥の地である長野県軽井沢町の星野地区にある。和食を基本に、昼は定食店、夜は居酒屋として季節の料理を提供している。店名の由来は、軽井沢ゆかりの作家、堀辰雄の小説『美しい村』から。

地下室のプロフェッショナル

星のや　軽井沢（長野県軽井沢町）

「星のや 軽井沢」は、星野リゾートを代表する高級旅館である。

川が流れる緑豊かな谷に沿って、離れ家形式の客室が点在する。24時間ルームサービスを受けられるなど、きめ細かな接客に定評がある。敷地内には茶屋やライブラリーラウンジもあり、ゆったりした静かな時間を満喫することができる。

一度いらっしゃったお客様の要望を蓄積していく情報システムの活用などにより、かゆいところに手が届くサービスを提供する。季節とともに表情を変える自然を楽しむために、1年間に何度も訪れるお客様も数多い。

施設、サービスともに顧客の評価は高く、2005年のオープン以来、新聞や雑誌の「行ってみたい温泉旅館」で常に上位に入る。

星のやは、顧客満足度の高さと同時に、もう一つ、別の面からも大きな注目を集めている。それは環境に最大限に配慮した「エコリゾート」の発想を徹底していることである。普通に宿泊しただけでは分からないが、環境面でこれまでの日本の旅館にない先進的な試みに成功している。

地下室には、敷地内の地中熱などを活用する独自のエネルギーシステムがある。館内の給湯、冷暖房の熱源装置などとしてフル稼働している。軽井沢の豊かな自然環境にやさしく、関係者の評価は非常に高い。

このエネルギーシステムを担当するのが、星野リゾート社長室に所属する松沢隆志である。マイペースでひょうひょうと話す松沢は、あまり旅館のスタッフ風ではない。実際、お客様に接するサービスは担当しない。松沢は星野リゾートで「ＳＵＣＡＩ」と呼ばれる専門職の一人であり、星野リゾートの温泉全般を担当している。

松沢は普段、星のやの地下にあるエネルギーシステムの管理室に一人、机を置き、さまざまな調査やエネルギー計画の策定などに当たる。「仕事に集中するため、昼食はいつも5分、トイレもなるべく行かないようにしています」「仕事に没頭するために、電話も取ることはありません」と語る様子は、非常に個性的である。

星のやの新しいエネルギーシステムが実現したのは、松沢の「温泉のプロ」としての意地によるところが大きかった。

新しいエコリゾートへの思い

日本のリゾート開発はこれまで、施設の建設による森林の破壊、施設ができてからの地下水の汚染など、環境面ではマイナスイメージで語られるケースが少なくなかった。旅館やホテルは一般に冷暖房用に重油などの化石燃料を大量に使い、二酸化炭素をどんどん排出してきた。緑に囲まれた場所にある旅館も、実は環境への負荷が少なくなかった。

星野リゾートは約90年前、敷地内に社長の星野佳路の先祖がミニ水力発電施設を作る

など、代々にわたって軽井沢の自然環境を生かし、調和するように気を配ってきた。エコロジーに対して先進的であり続けてきたと自負する星野は「自然環境に配慮したリゾートづくりをさらに進めたい」と考えた。そんなとき、星のやの建設プランが浮上した。

星のやの建つ場所にはもともと、約90年の歴史を持つ「星野温泉ホテル」があった。星野リゾートのルーツである。星野は古くなった同ホテルを閉鎖し、約2年かけて「星のや」を作ることを決めた。星野はエコリゾートという思いを込めたいと考えた。

このとき松沢は温泉調査・掘削の専門会社に勤めていた。大学で地球物理学を学んだ松沢は卒業後、専門知識を生かそうと考えて温泉掘削会社に入り、全国を回った。しかし、入社から約6年過ぎたころ、バブル崩壊後の不況によって、会社が倒産した。突然の出来事に、松沢は「これからどうしたらよいのか」と頭をひねった。

星野は、自社の温泉施設関連の仕事を通じて松沢と面識があった。的確な分析力を持つ松沢の能力を評価した星野は「当社に入らないか」と誘った。

松沢は、星野リゾートが古くから水力発電に取り組んでいたことや、自然環境を観察するネイチャーツアーなど新しい試みに積極的なことなどを知っていた。星野リゾートに対して「どこか先進的な会社だ」というイメージを持っていた。転職先を考える中で、「世界で一流のサービスを実現する」など星野の野心的な考えを聞き、パワーを感じた。松沢は「星野リゾートはこれまでと違う業種だが、その分、いろいろなことができそうだ」と入社を決めた。

ちょうどこのころ、「星のや」の計画づくりが本格的に動き出そうとしていた。

北欧を参考に日本初のプランを作る

星のやのプランづくりには、社内外から約10人のメンバーが参加していた。入ったばかりの松沢は星野リゾートの温泉のメンテナンスを担当しながら、「温泉のプロ」として早速、計画づくりに加わった。

話し合いは「環境にやさしい旅館を作ろう」「エネルギーシステムについて考えよう」と進んでいた。エコリゾートにとって、エネルギーシステムは重要な課題だ。地熱エネルギーについて熟知している松沢は、「自分の役割がたくさんありそうだ」と思った。

松沢は「星野温泉ホテル」が約90年前から水力発電を活用してきたことに注目した。「従来の水力発電に自分の温泉の知識を組み合わせ、新しい自然エネルギーシステムを作ろう」と考えた。

松沢は海外の先進事例をインターネットなどから集めた。「ヨーロッパで軽井沢と気候が似ているのはどこか。それはスウェーデンやスイスではないか。だったらそうした地域の取り組みに注目しよう」。松沢はプランを少しずつ詰め、1カ月かけて新エネルギーシステムの素案を作り、会議で提案した。

そのプランは、地中の熱をヒートポンプという装置で活用するシステムで、従来からある水力発電による電力も効果的に組み込むものだった。日本初のエネルギーシステムである。「温泉の豊富な軽井沢において地中熱のエネルギーを利用する効果は大きい」と松沢は分析していた。

この計画を前に星野は「非常に面白い」と身を乗り出した。だが、星野は計画の弱点にもすぐに気づいた。

野心的な逆提案を受ける

松沢の計画の弱点は、投資回収の期間が長いことだった。初期投資が大きいため、回収に約10年かかる計算だった。松沢のプランをそのまま実現すると、エコリゾートの旅館が誕生するのは確かだが、経営は圧迫される。これはビジネス的にはマイナスである。星野は「投資額があまりに大きく、回収の期間が長い」と指摘した。

松沢のプランのままで回収期間を短くする方法は、宿泊代金を値上げすることである。しかし、星野はそれに強く反対した。

星野は「エコリゾートを作るために、そのしわ寄せが宿泊代にはね返るようでは、お客様の満足度を下げてしまう。これではリゾートとしての競争力も失う」と指摘した。「たくさんお金をかけてエコリゾートを実現するだけだったら、誰にでもすぐにできる」と厳しかった。

だが、星野はだからといって計画を中止するつもりはなかった。「環境と同時に顧客満足度や収益性も十分考えよう。それを工夫することこそが仕事だ」と語り、松沢の奮起を促した。

「痛いところを突かれた」

そう思った松沢は、続く星野の言葉にさらに驚いた。

「10年の回収期間を9年にしたところで、本質的に何かを変えたことにはならない。ここは思い切って発想を見直すために、投資を5年で回収する方法を考えてみよう」

星野は「環境配慮」「経済性」「顧客満足度」を同時に向上させる「一石三鳥」のプランを実現し、投資の回収期間を半分にするように逆提案した。

野心的な問いかけを受け、ひょうひょうとした松沢の表情が変わった。「温泉のプロ」として、何としても実現しようと決意した。

松沢は「投資回収までの期間を半分にするには、投資額自体を減らすしかない。システムの機能をそのままに、投資額を減らすには一体どうしたらいいのか」と考え続けた。そして、自らのプランを二つの角度から見直すことにした。

一つは、エネルギー効率をさらに上げるための抜本的なシステム改良である。松沢は現場で培った知識を振り絞った。そして新たに温泉排水に含まれている熱エネルギーに目をつけた。

星のやの温泉は源泉からのかけ流しであり、湯量も豊富である。この温泉を見つけるまでには先人は大変な苦労をしていた。松沢もそのことを何度も耳にしていた。星野リゾートの歴史が詰まった温泉をここで活用できないか。松沢はそう考えた。

松沢はこのアイデアを実現するために外部の知恵を生かそうと、大学の研究者や商社の担当者らを訪ねて回った。そして、ついに地中熱と水力発電に加えて、温泉排水を組み込んだエネルギーシステムの計画をまとめた。

地道なムダ取りで投資額を圧縮

ただし、それだけでは投資額を十分に削減することはできなかった。

もう一つの工夫は、地道なムダ取りだった。システムに不要なパーツがないかどうか、松沢は一点ずつ丹念に確認した。そして、何度も設計を見直し、必要のない部分を見つけて、次々に削った。

専門的な知識の底上げと地道なムダ取りの積み重ねによって、6カ月後、新しいプランが完成した。「環境」「経済性」「顧客満足度」のいずれの観点からも説得力のある計画で、投資回収の期間も5年に短縮された。松沢にとって、汗と知恵の結晶だった。

松沢は会議の場で、考え抜いたプランをじっくり説明した。星野は松沢のプランを前に、即座に決断した。

「よし、実施しよう」

松沢はほっとした。同時に、「自分は入社してからまだ1年も経っていない。そんな自分が立てたプランをそのまま実行に移すなんて、何だかすごいな」としみじみと感じた。

だが、喜びはすぐに、心配をもたらした。

松沢は新システム導入に対する責任の大きさを改めて感じた。そして、「本当に大丈夫だろうか」という不安が渦巻いてきた。

星のやのエネルギーシステム導入には、これから十億円単位の資金が投じられることになる。星野リゾートにとって社運をかけた大きなプロジェクトであり、失敗することは許されない――。松沢は大きく息を吐いた。そして会議のメンバーに対して思わず、尋ねた。

「本当にこの計画でいいのでしょうか。計画をすべて実行しなくてもいいかもしれませんよ」「これまでにない試みであることも考え合わせると、むしろ最初は当初案の半分くらいからスタートしたほうがいいのではないですか」

たった今、導入が決まったプランは、時間をかけて考え抜いたエネルギーシステムである。もちろん科学的な裏付けは十分ある。絶対的と言っていいだけの自信がある。

それでも100％成功する保証はない。本当にうまく行くのだろうか。松沢は気持ちの揺れを思わず口にした。

珍しく慌てた口調の松沢に対して、星野が答えた。

「計画はしっかりしている。予定通り、全面的に導入しよう」

夜中に目覚めて何度も計算式を見直す

新エネルギーシステムの建設工事が始まった。激しい崩落が起きるトラブルが途中で発生したため、工事は予想以上に難航した。

松沢は課題が浮上するたびに工事の方法を練り直した。そして、ときには前職での経験を生かして、自分で掘削用のボーリングマシーンも操作した。星野は計画が決まった後は、すべてを松沢に任せていた。「ＷＨＡＴ（＝何をするか）を決めたら、ＨＯＷ　ＴＯ（＝どう実現するか）は現場に任せる。そんな星野リゾートのやり方を実感した」と松沢は振り返る。

星野は工事中、一切口出ししなかった。

松沢は毎日、現場をくまなく歩き回り、陣頭指揮を執った。どこに問題点があるのかを自分の目で確認して、解決した。ひょうひょうとした松沢といえども、気持ちが張り詰める日々が続いた。

眠れなかったり、夜中に目が覚めたりすることもしばしばあった。万が一にも、自分の計画に落ち度があったら大変なことになる、と松沢は思った。

エネルギーシステムについて、自分の試算が「本当に間違っていないだろうか」と不安になることが何度もあった。松沢はそのたびに、真夜中に床から起きて計算をやり直した。毎晩のように同じ計算を最初から最後まで繰り返した。

そのうちに、いつしか計算式をすべて覚えた。それでもなお不安が募る松沢は、布団の中でも計算を繰り返し、「大丈夫だ」と確認できてから眠った。


松沢が精魂込めて作ったエネルギーシステムは2005年7月、星のやのスタートと同時に動き始めた。完成したシステムを前に、星野は笑いながら言った。

「何だか、松沢に大きなおもちゃを買ったなあ」

松沢の緊張はこの時点でもまったく解けなかった。エネルギーシステムは1回動けばそれでいい、というものでない。安定して稼働し続けてこそ意味がある。それだけに順調に

冷水(往)
1
タンク
ton
常時開
冷水(還)
常時開

冷水(還)
HEX-2-1へ
冷水(還)
CRHA-1より
常時開
HT-2-2

稼働するかどうか、しばらく様子を見る必要があった。

松沢にとって気の抜けない日々がそれから約1年間も続いた。エネルギーシステムは気象条件が変化しても、客室稼働率が変化しても安定していた。松沢が最も心配していた厳冬期も順調に動き続けた。松沢はようやく胸をなで下ろした。

「一石三鳥」のプランを達成

新しいシステムの導入効果は非常に大きかった。

星のやは、施設全体で使うエネルギーの7割を自然エネルギーによって賄っている。化石燃料の使用は、厨房のLPガスなど一部だけである。二酸化炭素の排出量を大幅に削減することができた。エコリゾートのコンセプトが実現した。

新しいシステムは経済性も高かった。初期投資の回収は予想以上に速いペースで進んだ。当初計画で定めた5年よりもずっと早い1年10カ月で回収を終えた。原油価格の大幅な上昇が重なったことなどで、自然エネルギーの活用による燃料代の節約効果が大きくなったからである。

宿泊代にもまったく影響せず、サービス水準の高さに対するお客様の評判も重なり、星野が狙った「環境配慮」「経済性」「顧客満足度」の一石三鳥の目標が達成された。

同業のリゾート関係者はもちろん、環境やエネルギー分野の関係者からも反響は大きかった。「地球温暖化防止活動環境大臣表彰」などを受賞し、エネルギーシステムは、星のやのもう一つの顔になった。

エコリゾートを徹底するため、星のやはほかにもさまざまな工夫を取り入れた。例えば夏のエアコンの代わりに、屋根の一部に風の通り道を設けているのもその一つである。そこから日中の暖かい空気を排出して、代わりに外の清涼な空気が入る仕組みである。長野県の蚕農家にかつてあった屋根の構造を参考に、大阪大学と共同で研究・テストを繰り返すことで実用化につなげた。

星野リゾートは今後、ほかの旅館・ホテルでも自然エネルギーを生かしたシステムを導入していく方針を打ち出している。松沢はその中心人物として、知恵を絞り続ける。

星のや 軽井沢

長野県軽井沢町にある高級温泉旅館。緑豊かで川の流れる谷に沿って、「離れ家」形式の客室が点在する。各種の調査で「行ってみたい温泉旅館」の上位にランクされる。星野リゾートのルーツである「星野温泉ホテル」を建て替えて作った。

先代社長の遺産

ホテル　ブレストンコート（長野県軽井沢町）

ホテル　ブレストンコートは、星野リゾートが運営する施設の中で最大の売上高を上げる。その収益源は日本有数の規模のウエディング関連施設だ。

敷地内に「軽井沢高原教会」「石の教会　内村鑑三記念堂」という二つの教会があり、多くのカップルが結婚式を挙げる。リゾートウエディングの先駆けであり、結婚式・披露宴の会場として人気が高い。

ウエディングビジネスの基礎を築いたのは、星野リゾート社長、星野佳路の父で、先代社長の嘉助だった。

アイデアマンの嘉助は1970年代、軽井沢での教会結婚式を発案した。新郎新婦が馬車やゴンドラに乗って敷地内を回るなど、「メルヘン志向」の演出を次々に取り入れ、リゾートウエディングの大ブームを巻き起こした。「豊かな緑の中の教会」「馬車に乗る結婚式」は、東京など都市に住む若い女性の憧れになった。リゾートウエディングは星野リゾートの収益の柱だった。

だが、91年に社長に就任した星野は、さまざまな調査の結果から、メルヘン志向の結婚式が飽きられつつあることを知った。実績が頭打ちになっていたわけではなかった。しかし、調査結果からは「馬車に乗る結婚式」を夢見る時代は通り過ぎ、逆に「恥ずかしい」「かっこ悪い」と感じる人が増えていることがはっきりしていた。

「父のやり方をこのまま続けていては、いずれもたなくなる」

危機感を持った星野は「ダメになる前に、早めに手を打とう」と90年代中盤から改革に乗り出した。

ブレストンコートで現在、総支配人を務める長屋晃史は、この改革が始まるころ、星野リゾートに入った。

長屋が星野リゾートに入ったのは、まったくの偶然だった。

順番待ちの間に運命の出会い

長屋は大学卒業後、東京のメーカーでコンピューターのシステムエンジニアとして5年間、働いた。「システム開発だけでなく、もう少し顧客寄りのシステムコンサルティング業務を担当したい」と感じた長屋は、思い切って同業他社に移ろうと考え、ある日、総合転職フェアに出かけた。

だが、長屋が転職先に考えていた会社は人気が高く、面談希望者が多かった。そこで長屋は面談までの時間を待つ間、何気ない気持ちで隣のブースに立ち寄った。

その会社が星野リゾートだった。

「リゾート運営の達人になる」という経営ビジョンに対して、長屋は「何だかユニークな会社だ」と感じた。誘われるまま、後日、星野リゾートの転職セミナーに足を運んだ。

会場では、社長の星野が、日本の旅館・ホテル業の将来や、会社のビジョンを熱心に語っていた。星野の姿に引き付けられた長屋は「これは面白い会社だ」と感じ、94年に入社した。異業種から星野リゾートに入った長屋は、東京から軽井沢にやってきた。

長屋は予約部に配属された。予約部は当時、軽井沢の旅館・ホテルの予約電話の対応、ウエディングのコーディネートなど、予約に関する事務処理をすべて担当していた。長屋は仕事を少しでも早く覚えようと毎日、必死に汗を流した。システムエンジニアを務めていた長屋にとって、星野リゾートでの仕事の進め方は驚くほどアナログだった。スタッフは予約の内容を紙に書き、それを壁に張って管理していた。お客様から予約の電話が入ってから予約を完了するまでの流れは分かりにくかった。顧客名簿の管理はほとんどなされていなかった。

仕事に慣れてきた長屋は前職での業務経験を生かしながら、仕事の流れを一から見直し、新しい予約システムの仕組みづくりを始めた。

社長の星野は、会社のビジネスを抜本的に見直している真っ最中だった。星野は熱意を持って新しい取り組みを進める長屋を、ブライダル部門を改革するメンバーの一人として抜擢した。

ブレストンコートのウエディング部門は大きな収益源でありながら、限界が見え始めていた。星野はそこで大胆な改革を模索していた。

星野は、ウエディングを「量」から「質」へ転換させようと考えた。

改革が始まる前、ブレストンコートの前身であるホテルニューホシノでは、年間約4200組のカップルが結婚式を挙げていた。だが、「量」は多かったものの、「質」について、星野は満足していなかった。結婚式はホテルの教会で挙げるが、披露宴をホテルで開かないカップルが少なくなかった。ウエディング部門は挙式組数が多いだけで、収益性が低かった。

星野はこのままの状態で挙式組数を伸ばすのは得策でないと判断した。代わりに、さまざまな要望に親身に応えることでサービスの「質」を高め、顧客満足度を上げる戦略を打ち出した。

ターゲットにするのは、「軽井沢で結婚式を挙げるだけでよい」という人ではない。結婚式の中身にこだわり、招いた親族や友人を自分たちのスタイルの披露宴でしっかりもてなしたい。そんな考えを持つカップルである。

流行に敏感で、こだわりを持つカップルに満足してもらうためには、それまでの画一的なサービスでは対応することができない。「料理」「衣装」「会場」などすべてにわたって、顧客一人ひとりの希望に合った緻密なサービスを提供することが大切である。それが顧客の満足度を高め、1組当たりの単価の向上につながる——。星野の計画は壮大だった。

こうした視点から、星野はそれまで大きな成功をもたらしていたメルヘン志向を根本的に見直した。新しいコンセプトを徹底させるため、根強い人気があった「馬車」「ゴンドラ」について、「もはや時代遅れのイベントになった」と判断し、思い切って廃止した。

しかし、ここからの道のりは非常に厳しかった。

挙式組数が半減し、社内に動揺が走る

改革を契機に、挙式組数は一気に下降線をたどった。わずかな期間のうちに、その数は半分近くに落ち込んだ。社内は「大丈夫なのか」「息子の佳路社長に替わってから、変化が大きすぎるのではないか」と動揺が広がった。

星野も「ある程度は挙式組数が減るかも知れない」と覚悟していた。だが、落ち込みの幅は星野の予想よりもはるかに大きかった。

古参社員からは不満の声が噴出した。「あれほどうまく行っていたのに、どうしてやり方を変えたのか」「何とか元に戻せないのか」など、さまざまな声が聞こえてきた。

星野とともに改革を進めていた長屋は、改革を少しでも前に進めようと、お客様の声をしっかり聞き、一歩ずつサービスの質を高めていこうと考えた。だが、社内のスタッフはなかなかついてこなかった。

例えば、「披露宴の料理を自分たちの考える形に変えてほしい」というカップルの声を聞

いた長屋が、それを提案しても、「そんなことをしたら、どれだけ調理スタッフの負担になるかを分かっているのか。言う通りにはできない」と調理スタッフは動かなかった。

こんなこともあった。

結婚式の「質」を重視するお客様を獲得しようと、長屋がブライダルフェアを開いて、あるカップルから「まずは仮予約で」という注文を獲得した。しかし、現場担当者は「今でもこれだけ忙しいのに、どうしてフェアなんか開くのか」「なんでわざわざ手間のかかる仮予約にしたのか」と冷淡だった。

挙式数が減り続け、状況は厳しさを増したが、星野は改革の手綱を緩めなかった。「マーケティング調査の結果を踏まえた改革の方向に間違いはない。だから、新しいやり方を変えることはしない。成果が出るまでもう少し時間がかかる。今は戦略に沿った取り組みを進めていこう」

積み重ねた「こだわり」を発信する

改革に臨むスタッフはくじけそうになりながら、議論を続けた。星野は「このままで行こう」「質を高めるために、今の方向を続けよう」と励ました。

スタッフはサービスの中身を一つずつ見直した。

例えばウエディングドレスは従来、点数が少なく、バリエーションも不足気味だった。顧客が自分でドレスを持ち込むケースが多かった。

この状況を改善するため、スタッフは有名ウエディングドレス店に足を運んだ。何度も交渉を重ねてドレスの提供を受けられることになり、ブレストンコートのウエディングドレスはラインアップが大幅に広がった。

スタッフは同時に、「どうしたら『質へのこだわり』を知ってもらえるのか」について知恵を絞った。東京でのブライダルサロン開設はその一つである。

ブレストンコートで挙式する人は東京在住者が少なくない。だが、星野リゾートは東京にブライダルの拠点を持たなかった。リゾートウエディングのブームが続いていたため、何もしなくても顧客は来てくれたからだ。

だが、リゾートウエディングができる場所は軽井沢のほか、沖縄、箱根、那須など全国各地に広がっていた。東京ではレストランで結婚式をしようとする人も増えていた。ライバルとなる施設が次々と登場していた。ブレストンコートは、自分たちの魅力を見つめ直し、自分たちから情報を発信する時期に来ていた。

星野は「こだわりを説明できる場を作ろう」と、東京に新しくブライダルサロンを開設した。長屋はこのサロンの責任者として、軽井沢から東京に赴任した。毎週土曜日に説明

石の教会
内村鑑三記念堂

会を開き、結婚を考えているカップルに、映像やスライドを使いながら、サービスの中身を具体的に語った。

関心を持ったカップルに対しては、結婚式のイメージを固めてもらうため、ブレストンコートを見学してもらうバスツアーを始めた。時間をかけてじっくり考えてもらうため、割安に宿泊できる「下見プラン」も設けた。

このほか、「結婚式に参列できなかった人にも、携帯電話経由で写真を見られるようにする」「凝った演出を施した記念のビデオを制作する」など、きめ細かいサービスを積み重ねた。

ソフトの整備と同時に、ハードの魅力を高める改善も進めた。レストランを改装したほか、ホームパーティー形式にも対応する新しい会場を作った。そのうえで、全国のブライダルショップの担当者に軽井沢に来てもらい、ブレストンコートの結婚式が質へのこだわりに舵を切ったことを伝えた。

さまざまな取り組みによって、こだわりの結婚式を挙げるカップルが増え、細やかなサービスによって、顧客満足度は高まった。

それは数字にはっきりと表れた。結婚式にかける時間は、改革前は1組につき約30分だったが、改革後は1時間と2倍になった。これに合わせて1組当たりの単価も上がった。改革前に約70万円だったのが、今では約175万円と2倍以上である。挙式組数は増加基調に転じ、ウエディング部門は改革に成功した。

長屋は2005年、ブレストンコートの総支配人になった。

だが、さらに大きな課題が待ち受けていた。

リピーターがいない市場で顧客を確保する

その課題とは「将来の顧客をどう確保するか」である。ウエディングビジネスは「1回挙式すれば終わり」で、リピーターがいない市場である。これから少子化で市場全体が厳しさを増すと見られるだけに、早めの対策が重要だ。

長屋は考えた。

「これまでは結婚を考えている女性にブレストンコートを知ってもらうことに集中していた。だが、将来のためには、今は結婚を考えていない人にもブレストンコートに来ていただくことが大事だ」「結婚式は、新婦が母親からアドバイスを受けることが少なくない。娘を持つ母親層にも来てもらおう」。

こうした母娘にホテルに来てもらうにはどうしたらよいか。長屋はスタッフと議論を重ねた。が、なかなかいいアイデアが出ない。

突破口になったのは、地元で開かれた「信州ラーメン博」だった。人気ラーメン店を集めたイベントは、多くのお客様を集めた。長屋は、ホテルに一度来てもらうヒントを探ろうと、このイベントを訪れた。会場内は熱気にあふれ、長屋は食べ物にまつわるイベントが大きなパワーを持つことを知った。

こうした食のイベントをうまくブレストンコートに取り入れられないか――。長屋は、イベントのプランづくりに知恵を絞り、ケーキなどのスイーツをホテルならではのスタイリッシュな雰囲気の中で楽しむイベント「軽井沢スイーツ博」を立ち上げた。

軽井沢スイーツ博は、当初は知名度が低いことから集客に苦戦した。しかし、地元のテレビ番組で取り上げられたことなどを契機に若い女性が集まり、最終的には入場券が売り切れる大盛況になった。来場者の8割は女性が占めた。

スイーツ博の会場はウエディングの一場面のように華やかに演出され、その雰囲気を楽しもうと、誰もがドレスなどで着飾ってホテルに集まった。来場者はスイーツの味を楽しむだけでなく、ブレストンコートのこだわりの空間を満喫していた。

軽井沢スイーツ博は翌年から恒例のイベントとなった。今では前売り券がすぐに売り切れるほどの人気である。

回を重ねながら、ウエディングケーキの製作を実演したり、披露宴を模した形式でケーキを食べてもらうなど、結婚式のイメージを持ってもらう工夫も取り入れた。2008年は「スイーツ晩餐会」として、スイーツをフランス料理のコースのように優雅に楽しんでもらった。若い女性を中心とした来場者はスイーツをたっぷり堪能し、ホテルの雰囲気を体感した。来場者の3割は首都圏から来た。

星野は長屋に「楽しいだけではイベントは持続しない。中身を高めていこう」とアドバイスしている。長屋は洋菓子を学ぶ若者らによるスイーツコンクールなど新しい試みを次々に取り入れている。「とにかく一度ホテルに来てもらう」ために、ハンドベル演奏会や敷地内をキャンドルの炎で演出するイベントも始めた。クリスマスシーズンには華やかなイルミネーションを施すほか、チョコレートを楽しむイベントなども行う。

星野は長屋らスタッフとともに、将来を見据えながら、新しいウエディングビジネスのあり方を模索している。

ホテル ブレストンコート

長野県軽井沢町にある星野リゾートのホテル。リゾートウエディングの先駆けであり、結婚式・披露宴の会場として人気が高い。緑豊かな敷地内に「軽井沢高原教会(下の写真)」「石の教会 内村鑑三記念堂」の二つの教会がある。

地ビールの復活

ヤッホー・ブルーイング（長野県軽井沢町）

星野リゾートの子会社、ヤッホー・ブルーイングは地ビールを製造販売する。旅館・ホテル運営の星野リゾートの中で、異色の存在である。

ヤッホーは、日本の地ビール市場でトップクラスの販売実績を持ち、主力の「よなよなエール」は独特の味と香りで人気が高い。1996年設立で社員数は約30人、売上高は約9億円である。全国のスーパーなどのほか、インターネット経由でも販売する。売上高のうち、グループ企業向けの比率は1割未満で、親会社に依存しない経営を実現している。

ヤッホーという社名は、同社のある長野県の山中に響き渡るこだまから来ている。「おいしいビールができたことを、軽井沢から日本中に発信し、こだまのように響かせよう」。星野リゾート社長の星野佳路は、社名にそんな思いを込めた。

米国で受けた衝撃を日本に持ち込む

ヤッホー設立のきっかけは約25年前にさかのぼる。米国留学中だった星野は、地ビールが持つ味と香りの魅力を知り、衝撃を受けた。一足先に規制緩和が進んだ米国の地ビールメーカーは製品力を磨くことで、大手ビールメーカーとは違うニッチな市場を開拓して、大きく成長していた。星野はその姿を目の当たりにした。

日本では当時、法規制から地ビール製造はできなかった。しかし、星野は「いつか日本でも解禁されるだろう。そのときにはビジネスになる」と考えた。90年代後半、規制緩和で地ビール製造が解禁になると、星野はすぐに参入を決めた。ヤッホーを96年に設立して、社長を兼務した。米国での経験をベースに緻密なマーケティング調査を行い、「よなよなエール」を発売した。

星野とともにヤッホーを育てている井手直行は、ヤッホーが設立されたばかりの時期に集まった7人のメンバーの1人である。自分の考えを丁寧にまとめながら、軽やかに話すタイプである。

高専卒業後、井手は大手電子機械メーカーで設計を担当していた。仕事は順調だったが、やがて「今の暮らしに何となく満足しているが、本当にこのままでいいのか」と漠然とした疑問を持つようになった。そして、とうとうメーカーを退社した。目的のないまま、北海道をバイクで2カ月間、ひたすら走り回った。

そのうち「自然の中で働きたい」と考えるようになった。自分のライフスタイルを実現できる場所を探すうちに、井手は軽井沢にたどり着いた。そして地元の広告代理店でタウン誌担当として働くようになった。クライアントとして星野と知り合うと、「話が論理的なうえに斬新で、魅力的な人だ」と感じた。

ヤッホーができたばかりのころ、井手は星野から「今度、地ビール事業を始めるが、来ないか」と誘いを受けた。ヤッホーは生まれたての会社だった。「星野さんと一緒に仕事ができるならばやってみたい」。そう考えた井手は、営業担当として97年にヤッホーに入社した。

地ビールブームに乗り、テレビコマーシャルも放送

井手には、「ビールを飲むのは大好きだし、ベンチャービジネスの可能性に賭けてみたい」という思いがあった。

同じころ、日本各地で地ビールメーカーが雨後の竹の子のように生まれた。大手メーカーのビールと違う味や香りに多くの人が引き付けられた。地ビールブームが巻き起こり、雑誌などでも頻繁に特集記事が組まれた。

井手はそれまでビール販売の経験がなかった。このため、仕事は毎日が体当たりで、飛び込み営業を繰り返した。そのやり方は、あまり効率的でなかった。

しかし、地ビールブームという大きな追い風が井手の仕事を後押しした。ブームのおかげで、地ビールメーカーの中では後発だったヤッホーの製品にも注文が集まった。このため井手の仕事は、営業の素人と思えないくらい順調だった。

一足先に地ビールが解禁されていた米国では、地ビールの市場シェアが約４％に達して、

業界で大きなインパクトになっていた。日本の地ビール市場はまだできたばかりで1％にも満たない。井手は「このままシェアを少しずつ伸ばせば、すごいことになる」と密かに期待した。

「販売をさらに伸ばすには、知名度の向上が何よりも大事だ」。そう感じた井手は、大手ビール会社の手法をまねて、酒販店の店頭で試飲会を開いた。パンフレットやポスターなども大量に作った。さらに地元の長野県限定ながら、テレビコマーシャルも放映した。

ヤッホーは地ビールブームの真っただ中で好調なスタートを切った。

ブームの終焉で一気に赤字に転落

だが、地ビールブームを星野は冷静な目で見ていた。

ほかの地ビールメーカーは当時、地ビールを「地元の特産品」と位置づける会社が多かった。醸造所にビアレストランを併設して主要な販売拠点にするなど、地元にどっぷり浸かり、ビールを通じた「町おこし」を目指した。

ヤッホーの戦略はまったく違った。

米国で成功した地ビール会社は、自社レストランでなく、家庭向けの販売が中心だった。米国で地ビールの魅力と市場の可能性を知った星野は、ヤッホーの地ビールを「これまでにない新しい魅力のビール」と位置づけて、家庭向けに全国で販売する計画を立てた。

だから星野はビアレストランを作らなかった。建物の建設費、スタッフの常時雇用などに多額の資金が必要で、リスクも大きいからだ。

価格設定も、ほかの地ビールメーカーとは違った。一般的な地ビールメーカーは、「コストがこれだけかかるから、価格はこれくらいにしよう」と考えるケースが多かった。このため、大手メーカー製品よりも割高になった。

全国販売を目指すヤッホーは、大手メーカーと同じ価格帯で販売していた。買いやすい値段にすることで、「毎日、おいしく飲んでもらう地ビール」を目指した。

デザイン面でもこれまでにない缶の色と模様で独自色を打ち出した。製品名も「よなよなエール」というユニークなものを採用した。

星野は、ヤッホーを立ち上げたときから、星野リゾート本体との取引に依存しないことを決めていた。「グループ企業だから」と優遇すると、甘えが出て、独り立ちすることが難しい。「旅館が片手間で作っている」「観光で出かけたときのお土産」と思われるようにはしたくなかった。だからヤッホーから星野リゾート色を払拭した。

星野はあくまで、「地ビールというこれまでにない製品で、画一的な日本のビール市場を変えよう」と考えた。本格的な地ビール会社を作ろうとしていた。

だからこそ、星野は地ビールのブームに対して冷静だった。「地ビールブームはやがててのよう」と考えた。

終わる。だから浮かれることなく、メーカーとしてヤッホーをしっかり育てよう」と考えた。レストランは作らなかったが、醸造設備を自社で独自に工夫して作るなど、メーカーとしての機能を確立するための投資に力を入れた。

星野の予想通り、２０００年に入ると、地ビールを巡る状況は一変した。注文が殺到して品切れになるほどだった勢いがぴたりと止まった。

その大きな理由は、地ビールに目新しさがなくなったことだった。多くの人が地ビールに飽き、大手メーカーのビールに戻った。

ブームの終息で、地ビールメーカーは窮地に立たされた。ヤッホーの売上高も一気に下降した。井手らが中心に進めた知名度アップ策は、まったく歯止めにならなかった。

ビール市場は利幅の薄いビジネスである。サントリーのような大手企業が金と人手を注ぎ続けても、黒字化するまで40年以上もかかるほどだ。ブームに踊らされてきた地ビール各社は、ブームの終焉で危機に陥った。

ヤッホーは赤字になった。井手はビール事業の難しさに直面した。

井手は次第に焦りを感じるようになった。すると、心の中で、大きな疑問が一つ、浮かんできた。

「そもそも地ビールを飲みたいと考える人が日本にいるのだろうか」

長所と思っていた点がすべて短所に見える

ヤッホーのスタッフは何とか販売数量を回復しようと、必死に対策を練った。それでも落ち込みは止まらなかった。井手はやがて、「頑張っても売れない。製品自体を見直したほうがいいのではないか」と思うようになった。

だが、星野は違った。「製品の基本的なコンセプトは、何ら問題がない。だから、この製品で全国販売を目指すという戦略は変えない」と譲らなかった。

地ビールブームが終わるのと入れ替わるように、市場には発泡酒が大量に出始めた。価格が安い発泡酒は一気に需要を伸ばした。味が飽きられたうえに割高な地ビールは、さらに窮地にはまり、多くのメーカーが次々と撤退した。

井手ら現場のスタッフは、売れない原因が、自社製品の基本設計にあると本気で思うようになっていた。

「地ビールは味の魅力が伝わらない」

「デザインに独自性を出したのはいいが、個性が強すぎる」

「主力のよなよなエールは、名前でビールと分からない」

それまで良いと思ってきた製品の長所が、すべて短所に見えてきた。

井手は会議の場で、「このままでは会社はつぶれてしまう。このビールは売れない。もうこのビールではダメだ」と星野に何度も訴えた。

米国の地ビール市場を熟知する星野は、自社の戦略に間違いがないと確信していた。「これまでなかった地ビールに、まだみんなが戸惑っているだけ」と考えたのである。星野はスタッフに対して、「自分たちの考えを信じよう」と強調した。

だが、スタッフは「本当にそれで大丈夫なのか」と半信半疑だった。井手も「社長はなぜ最初の戦略にこだわり続けるのか」と思った。

星野は「みんなで製品を見つめ直そう」と促した。特に重視したのが「味」だった。

「味に大きな問題はない。ただし、『ほんの少し変えたらもっとおいしくなる』という面はある。だから、味の微調整が必要なはずだ。本当にこのビールがおいしい状態でお届けできるようにしよう」

味の課題を解決するために、星野は多忙なスケジュールの合間を縫って、何度も醸造所にやってきた。「少しコクが足りない」「ホップの苦みがさらに必要」「香りをもう少し華やかに」など、井手らと一緒に試飲を繰り返し、味の微調整を続けた。自社製品をチェックするだけでなく、世界中から「これは」というビールを取り寄せ、飲み比べたりもした。

井手は正直言って「自分たちの考えを信じよう」という星野の言葉をなかなか受け入れ

軽井沢高原ビール
軽井沢高原ビール
Wild Forest
軽井沢高原ビール
Seasonal
2008
ESB
YONA
YONA
ALE

られなかった。だが、醸造所に通う星野の姿を見続けるうち、いつしか気持ちが変わった。そして、「ここまで来たら、とことんまでやろう。本気で信じてみよう」と思い始めた。「味」への取り組みはやがて、製造面に及んだ。

ヤッホーの製品は当時、出荷から数カ月経つと、味が劣化することがあると言われた。この課題に対して、ビールを缶に詰める際、缶に残る空気の量を減らすことで、劣化を防ぐように改善した。

それでもなかなか販売は伸びない。井手はある晩、試飲が終わった後で星野と2人だけになった。心の中にある不安な気持ちを、素直に星野に伝えた。

「なかなかうまくいきません……。このまま売れなかったら、ヤッホーはどうなるんですか」

星野は井手の問いかけに静かに答えた。

「信じてやってみようよ」

井手はうなずくしかなかった。少しの沈黙の後、今度は星野が井手に語りかけた。

「井手さんは自然が好きで、軽井沢に来たと聞いたのですが、本当ですか」

「間違いありません。特に川で釣りをするのが好きですね」

星野がかすかに笑いながら言った。

「このままとことんやってみよう。もしそれでダメだったら、それぞれ川で釣りをして暮らそう。それもいいんじゃないか」

星野の静かな表情に、井手は地ビールのビジネスにかけるひたむきな思いを感じた気がした。井手は決心した。

「地ビールにとことん付き合おう。死ぬくらいまでやろう」

「ロコミ」と「インターネット」でV字回復

井手と星野は味を高める努力を繰り返した。そんな姿勢はやがてスタッフ一人ひとりにも伝わった。全員が星野の戦略を信じ、やれることはすべてやった。

やがて皆の努力は実を結んだ。ヤッホーは「納得できる味」の製品を安定して製造できるようになった。その成果は、海外の品評会での連続受賞にまでつながった。ヤッホーのスタッフは、失いかけていた自社製品に対する自信を少しずつ取り戻した。

ただし、「売れない」状況は相変わらず、続いたままである。スタッフはここから、「製品の魅力を知ってもらうためには、どうしたらよいのか」を必死に考え始めた。

さまざまなアイデアの中から、二つの方法を実行に移した。

一つは、東京など大都市の「パブ」での販売体制づくりだ。「パブにはビールの好きな人が集まる。まずはこうした場所で飲んでもらう機会を増やし、口コミでおいしさを伝えてもらおう」とスタッフは考えた。パブのオーナーたちと直接話してコミュニケーションを深めながら、ヤッホーのビールの魅力について伝えた。

もう一つは、インターネット経由の販売だ。

地ビールブームが去り、酒販店の多くは地ビールへの関心をなくしていた。井手が営業に行っても、「地ビール？　もういいよ」と冷たい態度ばかりだった。ここで再び販路を築くのは難しかった。

ヤッホーは販売店を介さずに直接、消費者にアプローチする方法として、ネットでの販売を強化した。

インターネットでの販売は当時、まったく未知数だった。それでもスタッフは、ショッピングサイトの「楽天市場」に97年の第一期から出店するなどして、販売強化に積極的に取り組んだ。

井手は自ら手作りでホームページの作成を進めた。製品ごとに丁寧に商品説明を書いたり、メールマガジンを発行して読者とコミュニケーションを図るなど、地道な工夫を毎日、続けた。

そんな姿に星野も応えた。「少しでも自社製品に関心を持ってもらおう」と考えた星野は、奇抜なファッションでホームページに登場するようになった。「何としても魅力を伝えたい」という思いが伝わったのか、ヤッホーの製品は「楽天市場」でビール売上高の1位となった。

ヤッホーは「口コミ」と「インターネット」によって、売上高を回復した。お客様の評判が少しずつ上がると、特に営業しなくとも、全国のスーパーやコンビニエンスストアなどから注文が舞い込むようになった。苦しい時期も、戦略の正しさを信じ、事業のコンセプトを守って我慢し続けた成果がようやく表れた。

その勢いは止まらず、ヤッホーは黒字に復帰した。そして順調に売上高を伸ばし、地ビールでトップクラスになった。「これまでにない新しい魅力のビール」を全国で販売する星野の計画は着実に進んだ。

ビール営業の素人からスタートした井手は2008年6月、星野に代わってヤッホーの社長になった。「平社員からの突然の社長就任」に井手は驚いた。が、井手は「地ビールは天職」と感じるまでになっていた。

井手は星野から「自分たちを信じる」姿勢を学んできたので、交代はスムーズだった。そしてヤッホーの先頭に立って、自社製品の魅力を伝え続けている。

ヤッホー・ブルーイング

星野リゾート子会社の地ビールメーカーとして1996年に設立。長野県軽井沢町に本社を置き、佐久市に醸造所がある。日本の地ビール市場でトップクラスの販売実績を持つ。主力の「よなよなエール」は独特の味と香りで人気が高い。

常識との決別

リゾナーレ（山梨県北杜市）

星野リゾートは全国でさまざまなホテルや旅館の再生を手がけている。その先駆けになったのが、山梨県北杜市にあるリゾートホテル「リゾナーレ」だ。

星野リゾート社長の星野佳路は1990年代中ごろ、低迷していた長野県軽井沢町にある自社ホテル・旅館の立て直しに成功した。そして、一連の改革で培ったノウハウを生かして、他社のリゾート再生に乗り出した。

リゾナーレはもともと、大手流通グループが会員制ホテルとして営業を開始した。イタリアの有名建築家マリオ・ベリーニ氏がデザインを手掛けており、施設全般に高級感が漂っている。首都圏からそれほど遠くないうえ、敷地内から八ヶ岳などの山々を望むことができるなど、立地も優れている。その魅力を生かして、20〜30代の若いカップルを主要なターゲットに据えていた。

しかし、バブル経済の崩壊でプランが狂い始めると、やがて経営が行き詰まった。

星野リゾートは2001年、リゾナーレの経営を引き継いだ。社長の星野は経営方針をゼロベースで再構築するために、「コンセプトづくり」からスタートした。これは「どんなお客様に対して、どんなサービスを提供するか」を明確にする作業である。星野リゾートが旅館やホテルを再生するとき、必ず行う重要なステップである。

星野はコンセプトを固めるために、外部の調査会社を使い、リゾナーレの顧客分析を徹底的に進めた。同時に星野はコンセプトづくりの担い手となる「コンセプト委員会」のメンバーを社内から公募した。

リゾナーレのスタッフにとって、何もかもが新しかった。破綻前から働いているスタッフの中には、どうしていいか分からず、動揺する人もいた。だが、それまでの経営に限界を感じていた人たちは星野の呼びかけに応じ、コンセプト委員会のメンバーとして16人が集まった。

リゾナーレで現在、総支配人を務める桜井潤は、このとき委員会に自ら進んで加わったメンバーの1人だった。

「旧経営陣のときは、上から命令され、それに従うだけだった。仕事はやりがいのないものだった。それが星野リゾートになった途端、『自分たちでコンセプトを作ろう』と、大きく変わった。何だか面白そうだと思った。だから20代だった自分も迷わず参加した」

二つのプランが浮上

星野リゾートのコンセプト委員会は、出席する誰もが、どんなことでも、言いたいことを言える場である。その雰囲気は、上から何かを言われるだけの旧経営時代とは大きく違った。

コンセプト委員会のメンバー16人は「リゾナーレを再生しよう」と意気込んでいた。それまでと異なる「自由な議論」に最初のうちは戸惑っていたが、会合に欠かさず出席した星野が冗談を交えながら、スタッフが話しやすい雰囲気を作った。なかなか話せなかったスタッフも少しずつ自分の意見を口にするようになった。

いったん意見が出るようになると、スタッフの意識が変わるスピードは速かった。せきを切ったように意見が飛び交い始め、やがてコンセプト委員会は朝から夜中まで続くほど、熱を帯びていった。桜井もその一人だった。

コンセプトづくりの最重要事項が、「メーンターゲットの決定」である。これからどんなお客様をターゲットにするのかを決め、そこから詳細なサービスプランを検討する。それが星野リゾートのやり方である。

星野は外部の調査会社を活用してデータを収集するところから始めた。その結果、メーンターゲットについて二つのプランが浮かんだ。

一つは、施設の持つ高級感を生かして20～30代の若いカップルの獲得を目指すプランである。このプランは旧経営陣が描いた戦略を基本的に継承するものであり、ターゲットの変更はない。

もう一つは、就学前などの子供がいるファミリーをターゲットにする新しいプランである。リゾナーレは従来、ファミリー層をターゲットにしていなかった。しかし、調査会社

ソーセージ

新たに浮上した。

のデータを分析する中で、ファミリーはカップルと同じくらい可能性のあるプランとして

スタッフの共感で決定

委員会のメンバーは、さまざまな角度から二つのプランの持つ可能性について、比較しながら話し合いを進めた。

星野は何よりも議論をじっくり聞く姿勢を取った。そしてメンバーに対してときどき、「それって本当?」と尋ねたり、「もっと具体的にしてみよう」「では、どうしますか」と促したりした。

星野はメンバーが自分たちでコンセプトを考えるための手助け役に徹していた。「こういうコンセプトで行け」と指示することはなかった。「こんなふうにしろ」と命じることもなかった。あくまで議論の主役となって考えるのは、リゾナーレのスタッフ自身だった。

議論を聞き続けた星野はやがて、あることに気づいた。ファミリー層をターゲットにするプランを語るときのほうが、メンバーの表情が明らかに生き生きしているのである。

リゾナーレはそれまでカップルをターゲットとしてきたが、うまくいかない歴史が重くのしかかっていた。スタッフの多くは「東京のシティホテルの真似を続けてもムダではな

いか」「カップルをターゲットにするのは限界だ」と感じていた。

一方、ファミリー客は従来、ターゲットにしていなかった。そのためファミリー客の増加に違和感を覚えていた。

それでも、ファミリー客はリゾナーレを気に入り、その数は着実に増えていた。リピート客になる人が少なくなかった。多くのスタッフにとって、いつの間にかファミリー客は感覚的に非常に親しみのあるお客様になっていた。

スタッフの多くは詳細な調査によって、ファミリー客が大きな可能性を持つことを知った。そして、ターゲットを改めて考えるとき、ファミリーをメーンターゲットにする案に対して、大きな魅力を感じた。

データを前に議論が続いた。カップルとファミリーはそれぞれに可能性があるように見えた。やがて議論が進むうちに、従来通り、カップルをターゲットにする案のほうがやや優位になってきたようにも見えた。カップルを推す人は、「データでもきちんと裏付けられているのだから、これまで通りでよいのではないか」と主張した。

しかし、多くのメンバーの気持ちは違った。ファミリー客の開拓に挑戦しようと頑張り続けた。星野は議論の流れをサポートする中で、メンバーの多くが、ファミリーをメーンターゲットにする案に共感していることを確信した。

星野はスタッフの意識を大事にしたいと思った。「『自分たちはこうなりたい』と思っているからこそ、そこへ向かおうとする力も生まれてくる。だから、スタッフの共感は非常に重要だ」。

スタッフの気持ちが最終的な決め手になった。コンセプト委員会は結局、メーンターゲットを「ファミリー」にすることに決めた。

星野の投げかけた二つの疑問

「ファミリー向け」とうたうホテルは、ほかにもたくさんある。リゾナーレの再生に当たって、ファミリー向けに舵を切るならば、独自の魅力をアピールする必要がある。ファミリー客を引き付ける何かがなければ、お客様の満足度を高め、集客力を伸ばすことはできない。

コンセプト委員会のメンバーは、「ファミリー客に何を提供するのか」について、議論を深める必要があった。このとき、大きな手がかりになったのが、星野の問いかけだった。

星野は、お客様を対象に実施したアンケートの結果を何度も見る中で、気になるデータがあった。「日本のホテル・旅館の魅力はどんな点にあるか」という質問に対して、ファミリー客の回答は「家族サービス」「思い出づくり」が上位だったことである。

「旅館・ホテルは本来、くつろぎの場であるはず。『家族サービス』『思い出づくり』という回答は、どこかくつろぎから離れているのではないか」

星野は調査結果に違和感を覚えた。家族サービスという言葉は、家族の誰かがサービスをする側に回ることを意味する。すると、サービスを担当する人は、リゾートに来てもくつろぐことができない。

家族の中でサービスをする側に回るのは、子供の父親、母親である。

星野はコンセプト委員会のメンバーに対して、自分の疑問を語った。

「ファミリー客の親たちは、リゾナーレに滞在している間、本当にくつろいだ時間、楽しい時間を過ごしていると言えるのだろうか」

星野の問いかけによって、メンバーの議論が一気に加速した。

ある人は、「ファミリーをメーンターゲットにする以上、子供だけでなく、親ももっとくつろげるようにしよう」と提案した。これを受けて、ほかのメンバーが「親たちがくつろぐには、具体的にどうしたらいいのだろうか」と話をつなげた。議論は熱を帯び、長時間続いた。メンバーからは次々と新しいサービスのアイデアが出てきた。

だが、議論を聞いていた星野は、話の方向にまたしても違和感を覚えた。

メンバーが提案するサービスはそれぞれ悪くない。しかし、その内容はリゾナーレでこれまで過ごしてきた親子の姿を前提としていた。これでは、従来のファミリー向けサービスの域を出ず、親はくつろぎを得られない。もっと良い方法がないのか。

星野は考えるうちに、新たな疑問が浮かんできた。そして、コンセプト委員会のメンバーに対して、二つ目の問いかけをした。

「ファミリーで旅行に来た場合、親は滞在中、子供とずっと一緒にいるのが本当に楽しいのだろうか?」

親と子が離れ離れになってもいい

星野の問いかけは、コンセプト委員会のメンバーにとって、目からうろこが落ちる思いだった。まったく衝撃的な提案だった。

メンバーの1人で、現在ユニットディレクターを務める小山毅志がそのときの様子を振り返る。

「『親子は常に一緒』という常識にとらわれ、ほかの誰もが『親子はときには別もいい』とは考えたことすらなかった」

星野の言葉に対して、反射的に「家族はいつも一緒にいたいものだ」と反発する人もいた。「そこまでしなくとも」という人もいた。それまでのリゾナーレにはまったくない発想を前に、反発する人は少なくなかった。

星野は結論を急がなかった。そして、自分の提案に対するメンバーの議論を促すために、言葉を続けた。

「わざわざリゾートに来たのに子供に付きっきりでは、親はものすごく大変ではないか。本当はどうなのだろう。もっと具体的に、リゾナーレで過ごすファミリーを思い浮かべて、いろいろな場面を考えてみよう」

メンバーは、ファミリーがホテルに到着してから帰るまでをシミュレーションした。浮かび上がったのは、子供とずっと一緒で、子供を楽しませることに疲れ、自分は楽しめない親の姿だった。

親はリゾナーレに到着してフロントでチェックインしてから、食事をするときも、館内のプールなどで泳ぐときも、常に子供と一緒に過ごしていた。そして、チェックアウトするまで忙殺状態だった。

メンバーの間には、「大人(=親)も楽しめるようにしよう」という共通の認識ができた。最初のうちは「親子は常に一緒にいたほうがいい」と考えていた人も、やがて「親子はときには別々もいい」という提案に納得していった。そして「家族の過ごし方について、親子が一緒のとき、別々のとき、さまざまな形で応えられるようにしよう」という結論に達した。

こうしてリゾナーレのコンセプトが「大人のためのファミリーリゾート」に決まった。メンバーは短い言葉に、大人も子供もそれぞれ、リゾナーレをしっかり楽しんでもらおうという思いを込めた。

頭では理解できても、実行に移すには不安を感じる人もいた。コンセプトに共感した桜井も「こんなリゾートが本当にあったらいいなあと思った。だが、正直言って、何だか難しいテーマかなあ」と感じていた。「本当に大丈夫なのかなあ」とかすかな不安を抱く人もいた。

決めたら、スタッフ一丸で動く

いったん自分たちでコンセプトを決めた以上、スタッフは自ら考えて動くしかなかった。最初に始めたのは、遊具などを置いて子供が遊ぶ場所を作ることだった。リゾナーレはファミリー客が多いにもかかわらず、子供向けのサービスが不足していた。スタッフはまず、その課題の改善に取り組んだ。

子供の遊び場がなかったリゾナーレのスタッフには、何もかもが手探りだった。桜井は遊具を集めて運ぶなど、準備で汗だくになった。

ささやかな試みだったが、効果は予想以上だった。子供たちは新しくできた遊び場で思いっきり跳ね回った。最初の一歩を踏み出したことで、スタッフの動きが加速した。

さまざまな部門で、子供向けサービス導入などの取り組みが始まった。スタッフたちは、「子供が遊んでいる間、どうすれば親はくつろげるのか」「親が楽しんでいる間、子供が安全で充実した時間をどのように過ごすことができるか」を考えた。

一連の改革を象徴するのが、子供向けに体験プログラムを提供する「GAO／八ヶ岳アクティビティセンター」と、大人がくつろげる「ブックス&カフェ」だ。

二つの施設は通路を挟んで向かい合っている。どちらもガラス張りで、どちらからも様子が見える。このため、例えば子供はホテルのスタッフと木工細工を楽しみながら、親の姿を確認することができる。親は本を読み、コーヒーを飲みながら、楽しそうに遊ぶ子供の姿を眺めることができる。

工夫を積み重ねることで、少しずつ顧客満足度が上がり、それが集客の増加につながった。リゾナーレは星野リゾートが再生に着手してから3年後、黒字化を実現し、それ以降も黒字が続いている。スタッフは自分たちで作ったコンセプトをさらに磨き上げるため、新しいサービスを模索し続けている。

リゾナーレ

山梨県北杜市にあるリゾートホテル。イタリアの著名建築家、マリオ・ベリーニ氏がデザインを担当した。敷地内には屋内プールや結婚式場があり、八ヶ岳などの山々を望む。旧経営陣によるビジネスの破綻後、星野リゾートが2001年から再生に乗り出した。

スキー場なきスキーリゾート

リゾナーレ（山梨県北杜市）

星野リゾートは2001年にリゾナーレの再生を開始し、「大人のためのファミリーリゾート」というコンセプトを作った。このコンセプトに基づいて、スタッフは「家族で来てもらい、子供と大人がともに楽しめるリゾートにしよう」と知恵を絞り、新しいサービスを取り入れた。その結果、赤字の続いていたリゾナーレは2004年、黒字に転換した。

だが、まだ課題があった。それは客室稼働率の季節変動が大きいことだ。

八ヶ岳を望むリゾナーレは高原リゾートとして人気が高まり、夏場の稼働率は80~90%に達した。しかし、冬は苦戦し、稼働率は30~40%にとどまり、赤字だった。スタッフは「冬はオフシーズンだから、どうしようもない」「冬は冬眠するしかない」と最初からあきらめていた。

一方、星野は「夏の稼働率はこれ以上、高められない。収益向上には冬の集客強化が不可欠だ」と考えていた。

リゾナーレの総支配人を務める桜井潤は、試算を繰り返しながら、冬はランニングコストを抑えながらも、もう少し集客力を高めてホテルを運営するのが理想的だと考えた。しかし、「そのためにどうしたらいいか」「何がリゾナーレの冬の魅力になるのか」という課題への答えが見つからなかった。

2006年冬を前にした会議で、星野はスタッフに「大人のためのファミリーリゾートというコンセプトを冬場にも広げよう」と投げかけ、そこから議論を具体的に進めようとした。だが、冬の閉塞感を打破できるような画期的なアイデアが出てこない。議論は早くも行き詰まりつつあった。

多くのスタッフが戸惑う中で、1人が口を開いた。

「周囲に人工降雪のスキー場があることはあるのですが……」

スタッフが自信なさそうな声で挙げたのは、星野リゾートとは資本関係がない富士見高原スキー場である。コースが初級者向け中心で、しかもリゾナーレから車で約10分かかる。ほとんどのスタッフは「スキーが売りのリゾートといえば、ホテル前に広いゲレンデがある。あのスキー場への送迎を始めたところで集客効果は小さい」と否定的だった。

だが、星野は富士見高原スキー場の可能性に注目した。

スキー場が目の前にないと、スキーリゾートになれないのか？

リゾナーレから富士見高原スキー場までは車で約10分。一見すると遠いように見える。しかし、大きなスキーリゾートならば駐車場からゲレンデまでの移動にそのくらいの時間はかかる。しかも富士見高原スキー場の初級者向けコースは、リゾナーレのメーンターゲットであるファミリーに適している。星野はそう発想した。

やがて星野は決断した。

「冬はスキーリゾートになろう」

スタッフは半信半疑だったが、星野はさらに言葉を続けた。

「スキー場が目の前にないと、スキーリゾートになれないのか？　スキーリゾートと呼べないのか？　そんなことはないはずだ。そう考えるのは、リゾナーレのスタッフだけで、お客様はそう思っていないし、気にしない」「スタッフは意識をきっちり変えていこう。冬の魅力をお客様にきちんと提案すれば、スキーリゾートになれる」

アキレス腱となっていた冬の、集客力アップの取り組みがこうして始まった。

総支配人の桜井は「どうしたらスキーリゾートになれるか」を具体的に考えた。そして「これならば、すぐにできる」と、2006年冬、リゾナーレから富士見高原スキー場まで無料シャトルバスの運行を始めた。同時に、ファミリーを意識して子供向けにそり遊びのプログラムも作った。スタッフは、「それなりにコンセプトに合った冬の企画ができた」と感じた。

だが、成果は上がらなかった。シャトルバスはいつもガラガラで閑古鳥が鳴いていた。そり遊びをする子供もほとんどいなかった。スキーリゾートとしてリゾナーレを訪れる人はほとんどいなかった。冬の稼働率を上げる試みは大きくつまずいた。

シーズン終了後の3月末、星野とスタッフは失敗の原因を話し合おうとした。しかし、スタッフの多くは、なぜうまくいかなかったかを考える前に、最初からあきらめていた。「苗場、白馬などの著名なスキー場と比べたら、リゾナーレ周辺はスキーリゾートとしての認知度があまりにも低い」「わざわざここへスキーに来ようという人はいない」「あのスキー場では、自分たちがどれだけ頑張っても無理ではないか」

誰もが悲観的だった。桜井はこのとき、「自分たちの取り組みが十分でないことは分かっていたが、それよりも、本当にここでスキーリゾートができるのかと、スタッフが疑心暗鬼になっていた」と振り返る。

スタッフの話を黙って聞いていた星野が、やがて口を開いた。

「今年の冬の稼働率に結びつかなかったのは、本当に周辺のスキー場に魅力がないからだろうか」

スキーリゾートになろうという覚悟が足りない

スタッフは星野の言葉の意味がピンと来なかった。「社長は何を伝えたいのだろうか」と疑問を浮かべた顔ばかりだった。

星野リゾートが運営する施設の中で、冬の稼働率が高いアルファリゾート・トマム（北海道）、アルツ磐梯（福島県）について、星野は説明した。

トマムなどではスキーリゾートとしての当然のサービスとして、レンタルのスキー用具をそろえている。スキースクールもさまざまなニーズに合わせて用意している。イベントを開くなど、集客のための取り組みも進めている。「お客様の視点に立って細かいサービスを積み上げることで、顧客満足度を上げている。それが集客に結びついている」と星野は強調した。

これに比べたら、リゾナーレはシャトルバスを出し、子供のプログラムをわずかに作っただけである。スキーリゾートを志向するにはあまりにささやかだった。

星野はリゾナーレのスタッフに向かって、「スキーリゾートになろうという覚悟が足りない。問題はスキー場の知名度や、ホテルの前にゲレンデがあるかどうかではない。スタッフの気持ちがスキーリゾートになり切れるかどうかだ」と訴えた。そして、こう付け加えた。

「スキー場が目の前になければスキーリゾートになれないという固定観念を本気で変えよう。次の冬は、覚悟を決めて本気でスキーリゾートになる。ぜひ、もう一度、腹を決めてやってみよう」

桜井は星野の話で、リゾナーレの冬の魅力を上げる手段として、スキーに取り組む気持ちが十分でなかったことを痛感した。

「自分たちは決意し切れていなかった。これくらいやればいいだろう程度に考えて、本気になっていなかった。だが、次の冬は違う。スキーリゾートになるために、できることをやり切ろう」

子供向けにスキー用具のレンタルを開始

桜井はスタッフとともに、「どうしたら本当のスキーリゾートになれるか」について、何度も議論を重ねた。「首都圏から近い強みを生かすにはどうしたらよいか」「ファミリーにスキーリゾートの魅力を伝えるにはどうしたらよいか」など、さまざまな角度から徹底的に話し合った。

自由に意見を出し合ううちに、やがて議論は好循環を始めた。

「リゾナーレのメーンターゲットであるファミリーが一日中、スキー場にいることはあまりない。午前中にスキーをしたら、午後はプールに行くようなケースが多いはずだ。これを踏まえて、大人も子供も、さまざまな楽しみ方ができるようにしよう」

「それならばなおさら、気軽にスキーができるようにすることが重要だ」

「手軽にスキーを楽しんでいただくために、用具のレンタルを充実し、手ぶらで来てすぐにスキーができるようにしよう」

「真っ先にレンタルを始める必要があるのは子供用のスキーだ。成長に合わせてスキー用具を買い換えるのは大変だ。レンタルは子供用から始めよう」

「子供用のレンタルは、スキー板とブーツ、ストックだけでなく、ウエアなど必要な用具を一式そろえよう」

スタッフは考え抜き、お客様が手軽にスキーを楽しめるようにするアイデアを次々と増やしていった。

ただし、冬は赤字のリゾナーレは、レンタル用具に多額の費用をかけられない。スタッフは星野リゾートの他施設に協力を仰ぎ、トマム、アルツ磐梯で旧モデルになったレンタル用具を譲り受けたりして、コストを抑えた。

社長の反対を押し切り、宿泊客にはレンタルを無料化

スタッフはさらに議論を深めた結果、星野に対して、「宿泊のお客様に対して、子供用のスキー用具のレンタル代を無料にしたい」と提案した。これは「気軽にスキーを楽しんでいただくためには、シャトルバスだけでなく用具レンタルも無料のほうがよい」と考えたためだ。

そこには、「ほかのスキーリゾートとの違いをアピールできるサービスを作りたい。スキ

ーリゾートとして、自分たちなりの切り口を何としても持ちたい」という思いがあった。本格的にスキーリゾート化に取り組むスタッフの覚悟の表れだった。

スキーリゾートでは用具レンタルが収益源の一つであり、レンタル代を無料にするケースはほとんどない。無料化すれば収支に響く。経営的な視点からはリスクが大きい。

このため星野は「リゾナーレのスタッフの気持ちはよく理解できるが、収益を考えたら、やはりお金をいただいたほうがよいのではないか」と説得した。

しかし、徹底的に話し合って決めた自分たちのプランに自信を持つスタッフは譲らなかった。「首都圏から一番近いスキーリゾートとしてアピールするためにも、子供のレンタルは無料にしたい」「レンタル無料化こそ、リゾナーレのコンセプトに忠実なプランであり、ぜひ実現したい」と主張した。

最後は星野が折れた。

「分かったよ。子供のスキー用具レンタルはすべて無料にしよう」

リゾナーレにはスキー場に勤務したことのあるスタッフはほとんどいなかった。それでも新しい冬の取り組みを成功させようと、スタッフは一丸となって進んだ。

２００７年冬に開始した「子供のスキー用具、無料レンタル」は大人気を集めた。リゾナーレが取り扱う富士見高原スキー場のリフト券販売枚数は前年の2倍に伸び、桜井はスキーリゾート化の手応えを感じた。スキー場が目の前にない状況は同じだが、リゾナーレに宿泊してスキーを楽しもうという人は明らかに増えた。冬の稼働率は上向き始めた。

スタッフはこの流れをさらに確かなものにしようと話し合った。そこで、無料レンタルを大人向けにも広げようと考えた。

だが、課題があった。待ち時間が長いことだ。

待ち時間の課題に取り組む

子供だけを無料レンタルの対象にしているときでも、ピーク時には約50分もお客様を待たせていた。このまま無料レンタルを大人に広げれば、待ち時間はさらに延びる。顧客満足度の視点からは、何らかの対策が必要である。しかし、無料サービスの担当者をこれ以上増やすのは、収益性の点から難しい。

レンタル部門の責任者である宮崎幸光はスタッフと打開策のアイデアを出し合った。

宮崎はもともと自然ガイドを兼ねたホテルマンとして沖縄のリゾートで働いていた。星野リゾートがネイチャーツアーなどを積極的に手がけていることを知って入社した。夏は自然の知識を生かしながら、子供を楽しませるプログラムを担当する。

リゾナーレがスキーリゾートを目指す前、宮崎は冬に仕事が少なかった。このため、星

GAO

95〜85
110
100
120

SALOMON
ビンディング
台へ
2

野リゾートが運営するほかのスキー施設に応援に出ていた。そしてリゾナーレのスキーリゾート化が進む中、宮崎はほかのスキー場での業務経験を生かして、レンタル部門を担当することになった。

目の前にないはずのゲレンデが出現

宮崎はスタッフと相談して、無料レンタルの待ち時間を短縮するため、「セルフサービス方式」を考え出した。スタッフがお客様から靴のサイズなどを聞いて用具一式を用意すると時間がかかるので、お客様が自分で用具を選ぶのである。

お客様は大きな袋を受け取り、順路に沿って歩き、自分で板、ストック、靴、ウエアなどを選びながら進む。スキーの金具の調整など専門的な調整が必要なところだけスタッフが担当する。返却するときもセルフ方式である。お客様が自分で返却コーナーにスキー用具をそれぞれ置いて帰る。

この新しい発想の無料レンタルを大人にも広げた結果、スキー場リフト券の販売枚数は2008年冬、前年の1.6倍に伸びた。にもかかわらず、レンタルの待ち時間はピークでもほんの数分と、大幅に短縮された。宮崎らの試みは大成功した。

「無料」で「待たない」レンタルによって、冬のリゾナーレの顧客満足度は大きく上昇した。

セルフ化が定着していくうちに、担当するスタッフの人数も減り、収益面にも貢献した。

桜井はさらにスキー場へのシャトルバスの便数を増やすなど、顧客満足度の向上を図った。さらにリゾナーレに貸し靴も無料のアイスリンクを作った。外部に頼むと数千万円かかるが、スタッフが工夫して自分たちで作ることによって、費用を大幅に抑えることができた。

「スキーリゾート」としての認知度が高まったことによって、リゾナーレの冬場の客室稼働率はかつての30～40％から58％に大きく上昇した。この地域で冬の集客をこれだけ伸ばしたのは驚異的なことである。リゾナーレの冬の収支は赤字から脱却し、ほぼ均衡するようになった。

リゾナーレは２００９年冬、スノーボード用具の無料レンタルを始めた。シャトルバスの運行先は中級者が満足できるスキー場にも広げた。スノーボードの元オリンピック選手による子供向けイベントも開いた。

星野は「スタッフが本気でスキーリゾートになろうと考えたからこそ、ここまでできた。冬の魅力をこれからもアピールしたい」と語る。

リゾナーレのスタッフの固い決意が、本当は目の前にないはずのゲレンデをお客様の目の前に出現させた。スキーリゾートという新しい冬の魅力を発掘したのである。

激論する未経験スタッフ

アンジン（静岡県伊東市）

星野リゾートが2007年11月に運営を受託した伊東の旅館「アンジン」は、国道135号線を挟んで、伊豆の海に臨む地に立つ。6階建ての本館のほか、日本庭園を囲む形で「離れ」がある。星野リゾートにとって10件目の再生事業である。

総支配人の池上真敬は、08年2月のある日、朝からどこかそわそわしていた。

池上は28歳。若い社員に大きな仕事を任せる星野リゾートでも、この若さでの総支配人就任は珍しい。星野リゾート社長の星野佳路は「会社の考え方をよく理解している。ぶれることがまったくない」という理由から、入社5年目の池上をアンジンの総支配人に抜擢した。

この日、アンジンの再スタートのために新しく集まったスタッフ約40人に対する教育プログラムが、いよいよスタートする。

「いよいよだな」。池上の気持ちは高ぶっていた。

新任総支配人の決意

池上は大学を卒業後、星野リゾートに入った。軽井沢の日帰り温泉施設「トンボの湯」や山梨県のリゾートホテル「リゾナーレ」内のレストランで、部門の責任者であるユニットディレクターを務めた。次々とさまざまな仕事を任せる星野リゾートのやり方によって、池上はモチベーションを高め、生き生きと仕事を続け、成長した。

池上にとって、旅館・ホテルの総支配人となるのは、アンジンが初めてである。ユニットディレクターならば、自分の担当部門だけに責任を持てばよい。しかし、総支配人はスタッフの採用や顧客満足度など、施設運営に必要なすべてのことに目配りしなければならない。それだけ責任は重い。

池上は約30人の同期入社組のトップを切って、総支配人になった。しかも、アンジンの運営を星野リゾートが引き継いでから、最初の総支配人である。

「本当に自分でいいのか」「総支配人職を任せてもらえるなんて、本当にありがたい」

そんな気持ちを抱きながら、池上は07年12月、伊東に来た。そして、再生のプランづくりなどを一歩ずつ進めてきた。

1カ月後のリニューアルオープンに向け、大広間を個室形式に作り替えるほか、客室の一部をモダンなインテリアに改装するなど、施設の準備は最終段階を迎えていた。再開後は、従来よりもグレードを上げた高級旅館になる。

だがハードが良くなるだけでは、お客様は満足しない。ハードに見合ったソフト、つまり、きめ細かいサービスを提供できるスタッフがいなければ、顧客満足度は高まらない。

星野リゾートの再生では、顧客満足度を上げることによって、稼働率を高める。同時にムダなコストを削減し、黒字化を実現する。それだけに、顧客満足度向上のカギを握るス

タッフの育成は重要である。

未経験者40人を1カ月でプロにする

その課題に取り組む池上には、気になることがあった。新しくアンジンに集まったスタッフの多くは、旅館で働くことが初めてなのだ。

アンジンは運営が星野リゾートに代わると、改装のため休業した。このため従来のスタッフはほぼ全員が去っていた。池上がアンジンに来て最初の大きな仕事は、スタッフ採用の面談だった。

集まった新スタッフは社員とパートが約20人ずつ。池上は彼らに高いモチベーションと熱意を感じた。しかし、異業種からの転職者が多く、旅館で働いたことのない人ばかりである。パートは平均年齢が40代後半で、地元の主婦が中心だ。

集まったばかりのスタッフに、星野リゾートの考え方を理解してもらいながら、旅館スタッフとしての働きが身につくように教育プログラムを進める必要がある。その期間は約1カ月。ハードルは高い。

池上はスタッフが初めて集まったこの日、心の中で「オープンまでにスタッフを一人前にする」と決意した。

議論に熱中し、基本トレーニングが進まない

プログラムがスタートすると、池上が懸念したことが現実になった。旅館スタッフとしての基本的なトレーニングが思い通りに進まないのである。例えば、料理をお客様に出すだけでも、皿の持ち方、運ぶ姿勢、言葉遣い、あいさつの角度など、サービスを構成するさまざまな要素がある。新しく集まったスタッフはこうした基本実務の習得に予想以上に時間を費やしていた。

「もう時間がない。このままでは大変なことになる……」。プログラム開始から2週間を過ぎるころ、池上は焦りを感じていた。

トレーニングが遅れる原因ははっきりしていた。それは、スタッフが繰り返す「議論」にあった。

星野リゾートが運営する旅館やホテルは、基本的な仕事の仕組みを統一している。だが、細部はそれぞれの旅館やホテルの状況に応じて、スタッフが意見を出し合い、議論して決める。現場を知るスタッフが自分で考え、自由に発言し、話し合う。だからこそスタッフは納得感を持ってサービスに当たり、顧客満足度は高まる——。こうした考えが星野リゾートの基本にある。

池上は新しいスタッフのトレーニングを始めるに当たって、星野リゾートの企業文化を説明した。クイズ形式で自己紹介し、まず自分から心を開いて語った。

そしてスタッフ同士で少しずつ話してもらった。星野リゾートではこれを「文化創造プログラム」と呼ぶ。

「総支配人に取り組んでほしいこと」などを自由に語ってもらううちに、スタッフの多くは自分の考えを語るようになった。スタッフは池上よりも年上の人が多く、池上は「年下である自分は礼儀、態度に気をつけよう」と話し方に気を配った。

ここまでは非常に順調だった。しかし、皮肉なことにアンジンの場合、多くのスタッフが議論に熱中しすぎていた。池上が「みんなで考えよう」とテーマを出すと、スタッフはいろいろと考え、自分の意見を口にしてくれる。しかし、そこから意見がまとまらず、議論だけが延々と続いた。

スタッフの中には、実務的なトレーニングを抜け出してまで話を続ける人がいた。基本的な動きがほとんど身につかないのに、「星野リゾートのこれまでのやり方以上のサービス方法を自分たちで考えられるのではないか」と主張する人まで出ていた。

だから議論は盛り上がる。だが、その分、実務的なトレーニングの時間が足りなくなってしまった。

池上が特に気になったのは、夕食のサービスだ。

アンジンの食事は、和食とフランス料理のどちらか好きなコースをお客様が選べる。目玉サービスの一つだ。

スタッフにとっては、グループのお客様の中に両方を注文する人がいると、料理を運ぶタイミングを合わせるのが難しい。このサービスの実現には厨房との緻密な連係を欠かすことができない。入念なトレーニングが必要だ。

スタッフが交代でお客様の役を演じるロールプレーイング方式で、さまざまな場面をシミュレーションしておくことが大切である。

池上はこのトレーニングに時間をなるべくかけたいと考えていた。しかしスタッフは議論に熱中するばかりだった。池上の気持ちはなかなか伝わらない。みんなの思いはバラバラだった。

社員に任せることが信条である星野は、1月に改装工事を視察して以来、アンジンに姿を見せなかった。現場を任された池上は、「自分が何とかしなければ」という思いが強くなった。

旅館のオープンまでに残された時間は減るばかりである。だが、サービスのトレーニングが進まないからといって、議論を止めて実務トレーニングを強行するのは、星野リゾートの「文化」に合わない。池上はどうしたらいいのか分からずに悩んだ。

「スタッフを同じ方向に向けることができない。総支配人としての経験が乏しい自分には、どうしたらよいのか分からない」

やがて池上は食事ものどを通らなくなった。

星野のアドバイスに目を見開かされる

そんなとき、池上は会議のため、星野リゾート東京事務所に足を運んだ。大きな課題を抱えたまま伊東を離れるのは、どこか気が重かった。しかし、これもまた総支配人としての仕事の一つである。

東京事務所で、池上は偶然、星野の姿を見かけた。星野は会議の合間にスタッフと立ち話をしていた。池上は少し迷ったが、思い切ってアンジンの抱えている課題を話した。

「開業まで時間がないのに、議論するばかりでトレーニングが進みません。どうしたらよいのでしょうか」

池上はとにかく悩みを打開するヒントが欲しかった。

星野は軽く相づちを打ちながら池上の言葉を聞いた。そして、穏やかな口調で語り始めた。

「今まで通り話してもらえばいい。スタッフには、どんどん話してもらおう」

それは、池上にとって意外な言葉だった。星野はさらに言葉を続けた。

「議論が活発なのは、それだけスタッフがアンジンのために何ができるのかを考えているからだ。だから、それ自体は良いことで、心配しなくていい。いずれ良い方向に向かうはずだ」

それでもまだ心配そうな表情の池上に対して、星野には不安の原因がどこにあるか、はっきり見えていた。

「オープンの日までに、すべてを間に合わせようという気持ちは分からないではない。しかし大事なのは、長い目で見て本当にお客様が満足するサービスができるかどうかだ」

池上は自分が時間ばかりに気を取られていたことに気がついた。そして、何としてもすべてを間に合わせなければならないと思い込んでいた。「何とかしなければ」ともがき、しまいには動けなくなって苦しんでいた。それだけに星野の言葉が身に染みた。

「そうか、そんな考え方もあるのか」

池上は心が軽くなり、すぐにでもスタッフの顔が見たくなった。そして伊東のアンジンへの帰路を急いだ。

この日から星野と池上の間で、スタッフ育成の方向について、メールのやりとりが始まった。池上は状況を伝えた。星野のメールには「まったく問題ない」という言葉があった。池上にはそれが心強かった。池上は、これまで通りの「自由な議論」を貫いていくことに迷いがなくなっていた。

スタッフの性格に合わせてアドバイス

池上は自分なりの小さな工夫も加えた。ここまでのトレーニングで、スタッフ一人ひとりの性格が分かり始めていた。そこで彼らの議論を聞きながら、個性に合わせてアドバイスしようと発想した。

例えば、思いつくままに発言するが、言いっぱなしでまとまりのない人に対して、池上はまず、思いつくすべてのアイデアを出してもらうようにした。そのうえで、「どれが一番いいと思うか」についての優先順位をつけてもらい、「自分の考えを少し整理してから話してはどうか」とアドバイスした。

スタッフの中には、なかなか自分の意見が見つからない人や、なかなか発言できない人もいた。池上はこうしたスタッフに対しては、星野リゾートのほかの施設での取り組みを話して、意見を考えるヒントや、自分で考えるための手掛かりにしてもらうことにした。ときには話しながら一緒に考え、誰もが発言できるチャンスを作った。議論を始めるとき、スタッフそれぞれの役割を明確にすることで、スタッフがチームとして課題を考えられるようにした。

池上が努力を積み重ねていった結果、スタッフの議論は少しずつだが、前に進むようになった。

これに伴って、スタッフは実務的なトレーニングに集中できるようになった。懸案の夕食のサービスでは、和食とフランス料理のコースメニューをタイミングよく出すために、さまざまなシミュレーションを繰り返した。開業前には不安をほとんど解消することができた。

総決起集会での決意表明

1カ月間のトレーニングを終えた開業前日。午後6時。スタッフは大広間に集合した。池上はこの1カ月の出来事を振り返りながら、しみじみとした気持ちになった。全員の顔を見ながら、「スタッフ全員がお客様の方を向くように、僕は働く」と、自分の気持ちを素直な言葉で語った。そして、〝決意表明〟として、白布に手形を押した。

約40人のスタッフも池上に続いて次々と決意を表明し、手形を押した。外は小雨で肌寒かったが、室内は熱気に満ちていた。開業を翌日に控え、スタッフの心は一つになった。

開業日の3月4日。穏やかな春空の下、次々と訪れるお客様を前に、スタッフは前日までとまったく違う緊張を感じた。

星野はこの日、久しぶりにアンジンに来た。池上が総支配人に就任してから初めての訪

問だった。星野は現場を信じて、アンジンの再生を池上とスタッフに任せていた。

星野はスタッフを前に、「課題や悩みが出てくるかもしれない。それを池上とともに乗り越えてほしい」と語った。その言葉に対して、池上は総支配人としての責任、そして喜びを感じた。

社長に初めて会うスタッフが少なくなかったが、星野は気軽に多くのスタッフに声をかけ、言葉を交わした。スタッフは、社長との距離が近いことに驚いた。そして、星野リゾートの自由に語る文化を改めて感じた。

池上が「スタッフがまとまらない」と悩んだ経験は後日、星野リゾート全体のビジネススピードの改善につながった。その中心となった孔令庸《こうれいよう》はアンジンのスタッフがバラバラだったとき、中にいて議論を繰り返した1人である。

孔はアンジンを経て、星野リゾートの旅館全般の仕組みづくりの担当となった。アンジンでの反省を踏まえて、孔は効率的に旅館を再生する方法を練り直した。しっかりした業務経験を持つスタッフを一定数配置し、未経験のスタッフに対して「背中で仕事を見せる」ことで、星野流の仕事を的確に理解してもらう。コンピューターシステムなども効果的に活用し、未経験のスタッフもできるだけ早く仕事を覚えられる体制を作った。

星野リゾートの事業再生力はさらに強まっている。

アンジン

静岡県伊東市にある日本旅館。6階建ての本館のほか、日本庭園を囲む形で「離れ」がある。伊豆の海を望む場所に立つ。経営破綻後、外資系金融機関の子会社が保有し、星野リゾートは2007年から運営を手がけている。

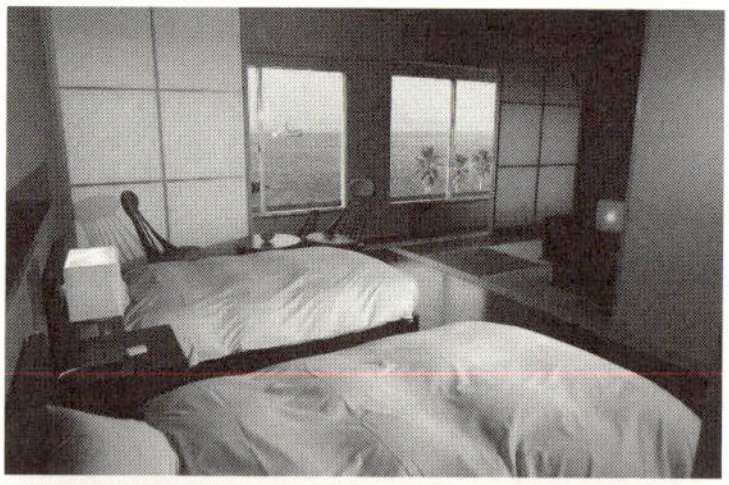

名おかみの決断

蓬莱（静岡県熱海市）

静岡県熱海市の伊豆山にある「蓬萊」は日本を代表する和風旅館である。江戸末期に創業し、１６０年の歴史を刻んできた。豊かな自然があふれる庭園越しに、相模湾を望む。客室は16室と小規模で、波音が静かに響く。

蓬萊は長く政財界人、文化人に愛されてきた。

蓬萊のおかみ、古谷青游《ふるたにせいゆう》は半世紀にわたり、お客様に接してきた。お客様一人ひとりの好みをふまえてもてなす古谷の姿勢に、「おかみさんのファン」を自認する常連客も数多い。

「好きでないものは置かない」

古谷は「好きでないものは置かない」という美意識を貫き、建物やしつらえにどこまでもこだわり抜いてきた。お客様に出す料理は調理場の料理人と相談しながら、じっくり吟味してきた。約30人の社員一人ひとりを見つめながら、言葉遣いから立ち居振る舞いまでを磨いてきた。古谷の繊細な心配りが蓬萊の魅力を作り上げてきた。

おかみの役割はお客様をもてなすことだけではない。古谷は売上高などの経営データを見ながら、食材の仕入れ原価の管理など細かなお金の出入りを自分でチェックしてきた。銀行との融資交渉もこなし、経営者として蓬萊を率いてきた。

「蓬萊は私の分身」と語る古谷の言葉には、それだけの重みがある。蓬萊のすべてを決めてきたのはおかみの古谷であり、誰かが「これは蓬萊にとって良いのではないか」と考えて提案しても、古谷が「ダメだ」と言えば、話はそれで終わりだった。

蓬萊に転機が訪れたのは、１９８０年代後半のことである。古谷は和風旅館として築いてきた名声に新たな魅力をつけ加えようと、蓬萊の敷地内に「ホテル ヴィラ・デル・ソル」を作った。

その建物は元々、紀州徳川家ゆかりの日本最初の西洋式個人図書館（南葵文庫）だった。東京麻布飯倉から大磯に移築され、古谷は80年に譲り受けることを決めた。建物を熱海に移築し復元する作業には、６年の歳月と多額の費用がかかった。調度品もその時代に合わせて一つずつ選び抜いた。

このヴィラ・デル・ソルは客室が7室しかない。投資額に比べて営業規模が小さく、単独で採算を取るのは難しかった。赤字になった場合は、蓬萊が上げる利益でカバーする計画だった。

やがて90年代に入り、バブル崩壊でヴィラ・デル・ソルの宿泊客数が伸び悩むようになった。収支はいよいよ厳しさを増した。

蓬萊が常連客であふれ、「いつ電話しても予約が取れない」と言われた時代は、問題は覆い隠されていた。だが、蓬萊を取り巻く環境も少しずつ変わった。常連客が少しずつ高齢化したが、新しい顧客をつかめなかった。次第にヴィラ・デル・ソルを支えきれなくなってきた。

星野との出会い

古谷は2007年ごろから蓬莱の経営のあり方について、メーンバンクの地方銀行と本格的な話し合いを始めた。銀行からはさまざまな提案を受けたが、古谷にとって、耳を傾けるような話はなかなかなかった。

そんなある日、銀行幹部から経営権を外部に譲渡してはどうかと提案を受け、譲渡先候補として、星野リゾートの名を聞いた。蓬莱にすべてを注いできた古谷は、星野リゾートについて詳しく知らなかった。古谷は乗り気でなかったが、銀行幹部の勧めに応じて、とにかく一度、社長の星野佳路と会ってみることにした。

約束の日、蓬莱に来た星野は穏やかな表情で語った。

「少し前になりますが、蓬莱に宿泊したことがあります。そのとき、この旅館の素晴らしさに、日本旅館の魅力をあらためて感じました」

星野の訪問は数年前のことだった。星野リゾートのルーツである軽井沢の星野温泉ホテ

ルが老朽化し、建て替えを進めようとしていた時期だった。

星野は星野温泉ホテルを閉鎖して、同じ敷地内に星野リゾートを代表する高級旅館として「星のや 軽井沢」を新しく作る計画を練っていた。「世界の高級ホテルに引けを取らないサービスを提供しよう」と意欲を燃やしていた。

理想の旅館作りの参考にしようと、星野は日本中の名だたる温泉旅館を宿泊して回った。その中に蓬莱も含まれていた。蓬莱に宿泊したとき、星野は「これこそが、おかみさんが長い時間をかけて魅力をためてきた旅館の素晴らしさだ」と感銘を受けた。

それから数年を経て、蓬莱の経営委譲の話が舞い込んだのは、星野にとって不思議な縁だった。


星野の訪問を契機に、蓬莱の星野リゾートへの経営移譲についての話し合いがスタートした。だが、交渉はなかなか先に進まなかった。

星野と対面したとき、古谷は星野に悪い印象を持たなかった。しかし、その後で周囲が星野リゾートについて、「あの会社は全国で旅館やホテルを次々と傘下に収めている会社だ」と話すのを耳にした。

「正直言って、あまりいい気はしなかった」と古谷は振り返る。「そうしたやり方の会社に協力してもらうことが、蓬莱にとって良いことだろうか」と考えると、話し合いの席に着く気持ちになれなかった。

「蓬莱がそのままであること」

その間も蓬莱の経営は日に日に厳しさを増していた。古谷は「歴史のある蓬莱の経営権を外部に移していいのか」「星野リゾートのような大きな組織に入って、自分たちが生きていけるのか」と考え続けていたが、決意は固まらなかった。星野の申し出を受け入れるかどうか、自問自答を繰り返すうちに、1年以上が過ぎていった。

不安な気持ちで眠れない日もあった。そんなときでも、古谷はおかみとしての責任をまっとうした。一歩自宅を出たら、何事もないかのように振る舞った。顧客を心からもてなし、社員をしっかりと見守った。

悩み続けていた古谷の気持ちをほぐしたのは、星野の人柄が少しずつ分かってきたことである。

星野はあるとき、古谷を前にこれまで自分が歩んできた道のりを語った。軽井沢の温泉旅館の長男として生まれ育ったこと。家業の旅館を少しでも良くしようと奮闘してきたこと。自社での取り組みを社外にも広げてきたこと。星野は一つずつ、丁寧に説明した。

古谷にとって星野は2回り年下である。生きてきた時代は違う。それでも50年以上も名旅館を磨き上げてきた古谷には、温泉旅館の跡取り息子として奮闘してきた星野の気持ちがとても良く分かった。星野が経験してきた苦労も十分伝わった。古谷は星野の話を聞き、表情を見るうちに、星野リゾートに対する不安が次第に消えた。

同時に資金繰りの面からも、決断のときが迫っていた。蓬萊を思う古谷は、銀行を介し、星野に対して「蓬萊がそのままであること」「社員はこれまで通り働き続けること」などの条件を受け入れてもらうように提案した。

「蓬萊は別格の存在」

星野は蓬萊の再生について、こう考えていた。伝統と格式を誇る蓬萊は、サービスなど古谷による運営自体は素晴らしく、顧客満足度は飛び抜けて高い。その部分は何ら変える必要がない。そのままの蓬萊に星野リゾートの経営手法をつけ加えて、一歩ずつ進めば、再生に大きな問題はない――。

同時に星野は、蓬萊の魅力を生かすためには「星野リゾートとして、これまでと違う取り組みが必要になる」と考えた。星野リゾートは従来、旅館を再生するときに、おかみの

ように「すべてを決める」人物を置かなかった。これは昔ながらの和風旅館の運営と大きく違う点である。

星野リゾートの旅館・ホテルの総支配人は、社員と議論を重ねながらより良いサービスを作り出す存在である。総支配人の役割は、権限を集中させた旧来のおかみと違う。総支配人とスタッフが一体になったチーム力で再生を進めている。

これに対して蓬萊の場合、おかみの世界観こそが突出した魅力の源泉である。だからこそ、再生に当たっても、おかみの果たす役割は大きい。星野はそう考え、古谷におかみとして蓬萊に残ってもらいたいと思った。

おかみが残るのは、星野リゾートにとってこれまでにない再生スタイルだが、蓬萊はそれほど別格の存在だった。


さらに、星野は古谷の美意識や礼儀作法を星野リゾート全体に広げ、もてなしの水準を引き上げたいと思った。

「日本的なデザインの旅館を作ることは自分たちにもできる。だが、日本的なおもてなしは古谷さんから学んでいきたい。蓬萊で働く人の動き方などは本当に素晴らしい」

だから、「蓬萊がそのままであること」「社員はこれまで通り働き続けること」など古谷からの提案は、星野にとってまったく異論がなかった。

古谷は提案が受け入れられたことにほっとした。そして、星野リゾートに経営権を譲渡する決意を固めた。その方針を社員に伝え、しみじみと語った。

「お客様にとって蓬莱はこれまで通りで、何も変わらない」

何十年も一緒に働いてきた社員は古谷の説明に納得した。ほぼ全員が蓬莱で働き続けることになった。

「おかみは大丈夫なのか」

星野リゾートは2008年11月、蓬莱の経営権を取得した。その事実が新聞で伝わると、蓬莱には常連客から次々と電話が入った。

「蓬莱はどうなるのか」

「おかみさんは大丈夫なのか」

常連客は蓬莱が変わってしまうのではないかと気にしていた。特に、おかみのことを心配していた。電話に出た古谷はいつものように伝えた。

「蓬莱は何も変わりません」

古谷の落ち着いた声を聞いた常連客は、再訪を告げて電話を切った。

星野は古谷と相談し、蓬莱に総支配人を置くことを決めた。これまで通り古谷はおかみとして、もてなしなど「表」の運営を担い、総支配人が集客や経理などのバックヤードを担当することを決めた。

星野は蓬莱の総支配人として、島根県松江市の玉造温泉にある「華仙亭 有楽」の総支配人、瀬尾光教《みつのり》に白羽の矢を立てた。有楽は外資系金融機関が所有し、星野リゾートが運営を手がける旅館である。

瀬尾は大学を卒業後、住友商事に入社した。商社で物流ビジネスに携わるうちに、「現場に近いところで働きたい」と考えて、星野リゾートに入った。それまで消費者向けサービス業の経験はなかったが、現場からたたき上げ、総支配人として有楽に赴任した。瀬尾はスタッフと協力し、短期間で有楽を黒字化した。

星野が瀬尾を選んだ理由は、経営面での実績と同時に、周囲に気配りする姿勢に注目したからである。瀬尾は玉造温泉で、地元の旅館経営者たちの中に、持ち前の明るい性格で溶け込んだ。「外資系の資本が入ってくる」と戦々恐々としていた経営者たちと、短期間で信頼関係を築いた。周囲の旅館と切磋琢磨しながら協力し合い、玉造温泉全体を盛り上げようと取り組んでいた。

星野リゾートにとって、おかみと総支配人が共存する運営は蓬莱が初めてである。コミュニケーションが特に大切であり、星野は瀬尾が力を発揮してくれるに違いないと考えた。

「何でも話せる頼もしい息子ができた」

瀬尾は蓬莱の集客を強化するために、古谷と相談しながら、ホームページに新しい予約機能を付け加えた。スタートから半年を経過したころ、瀬尾の取り組みは着実に宿泊客数に反映されるようになった。

古谷と瀬尾は頻繁に時間をかけて話し合う。古谷は瀬尾について、「何でも話せる頼もしい息子が新しくできたようなものだ」と笑いながら話す。瀬尾は「蓬莱と星野リゾートとの間で調整をすることこそが、自分の大事な役割だと考えている」と語る。

ときには星野リゾートのやり方に古谷が注文をつけることもある。例えば、星野リゾートではすべての施設で顧客満足度の調査を実施している。その項目は多岐にわたるが、古谷はそれを1項目ずつ吟味して、「尋ねなくてもいい項目」がないかを丁寧に確認する。調査項目の表現にも丹念に目を通し、例えば「スタッフ」という言葉は「蓬莱の雰囲気に合わない」と指摘し他の表現に変えるように提案する。

古谷の心配りはどこまでも繊細である。古谷は星野とも定期的に連絡を取りながら、蓬莱の良さをそのままに、どうしたらさらに魅力を高められるかを模索する。星野は「今後はこうした形での再生も増えてくると思う。蓬莱はその最初のケースになる」と語る。

古谷の知恵と経験を星野リゾート全体に広げようと、星野は２００９年末に京都に開業する「星のや　京都」の総支配人となる女性スタッフらを蓬莱に送り、もてなしの心を学ばせる。

星野にとっても、古谷にとっても、新しい試みは始まったばかりである。蓬莱は古くなった建物を改装する計画作りも進みつつある。ここから星野リゾートの新しい旅館作りがスタートする。

蓬莱

静岡県熱海市の伊豆山にある老舗の日本旅館。江戸時代に創業した。敷地内は自然豊かで、眼下に相模湾を見下ろす素晴らしい眺望を誇る。同じ敷地内に「ホテルヴィラ・デル・ソル」がある。星野リゾートは2008年11月に経営権を取得し、おかみと総支配人を置く新しい運営をスタートした。

あとがきにかえて
社員が辞めない会社になる

深刻な不況の中で、社員の雇用を巡って、さまざまな議論が起きている。優秀な人材を集め、同時に人件費を水ぶくれさせないことは、どんな会社にとっても重要な課題だ。星野リゾートにも、人材の確保と育成のあり方を模索してきた歴史がある。

星野リゾート社長の星野佳路は「日本の高度成長を支えたのは終身雇用である」という説に違和感を覚える。「終身雇用はあくまで大企業の話にすぎない。中小企業には終身雇用は定着していなかった」と実感しているからだ。

星野によると、旅館業は従業員の定着率が低く、過去においても現在においても、終身雇用が定着したことがない。例えば、和食の調理師は、「包丁一本さらしに巻いて」、各地の旅館を転々としながら働く人が少なくなかった。人材を定着させることは大きな課題だった。

星野が1991年に父から経営を引き継いだとき、会社の古い体質を変え、ムダや非効率を解消する必要を感じた。星野は強い危機感を持ち、トップダウンによって事業のあり方を全面的に見直すことにした。顧客満足度調査に基づく数値管理を導入するなど次々に改革を進めた。

改革は少しずつ成果を上げたが、同時に社員が一人また一人と退職し始めた。スタッフが定着しなければ、しっかりしたサービスを提供できない。顧客満足度は上がらず、売上高も伸ばせない。

星野リゾートは当時、軽井沢のローカル企業であり、全国的に見れば知名度は低かった。このため、新たに社員を募集しても思うように人が集まらなかった。星野は退職者の増加による人材難という大きな課題に直面した。

トップダウンの改革で「命じられることに疲れた」

何とか退職を思いとどまらせようと、星野は「辞めたい」と申し出た社員と徹底的に話し合った。「辞めないでほしい」と説得したが、なかなか社員の気持ちを変えることはできなかった。

話し合いを通じて、星野は重大なことに気づいた。社員が辞める最大の理由は「組織に対する不満」だった。星野はトップダウンで改革を進めたが、社員は命じられて動くことに疲れていた。社員は不満を募らせていたが、自分の意見を主張する場がなかった。星野は社員との関係を徹底的に見直す必要を痛感した。

「自分の判断で行動してもらうことで、社員のやる気を高めよう。言いたいことを言いたいときに言いたい人に言えるようにしよう。そしてどんどん仕事を任せよう」

星野はトップダウンですべてを決めることをやめた。社員が自分たちで考え、自由に議論し、顧客満足度を高めていく体制へと舵を切った。

星野の経営姿勢が変わったことで、社員の退職問題は解決に向かった。ところが、別の新たな問題が浮上してきた。せっかく採用した大学新卒者が次々と退職したのである。

星野リゾートではそれまで大学新卒者をほとんど採用できなかった。だが、会社の将来を担う人材を育てる必要性を感じていた星野は、大学新卒者の採用に力を入れた。

「新卒者は今まで来てくれなかったが、これからは何とか採用して、しっかり育てよう」。星野はそう考え、就職セミナーなどに出かけて、学生を前に自分の作ったビジョンを繰り返し熱く語った。

星野の明快でぶれない姿勢はやがて学生に伝わった。「ビジョンが明確で、経営方針がはっきりしていて、面白い会社だ」。そう知られるようになり、90年代中盤になると、毎年、新卒者が数人ずつ採用できるようになった。星野は若い社員を前にして、「彼らが成長すれば、企業の力を高めることができる」と期待した。

新卒で入った社員は数年後、会社のビジョンをしっかり理解して、仕事を任せられる人材として育った。彼らは東京など大都市の出身者も少なくなかったが、一緒に汗を流し、知恵を絞る中で、軽井沢での仕事や生活に慣れていった。星野は「これからどんどん働いてもらうぞ」とわくわくした。

だが、ここから先が予定通りに行かなかった。せっかく苦労して採用し、手塩にかけて育てた社員が、星野リゾートを去り始めたのである。

採用難という課題は少しずつクリアできるようになったが、今度は集めた人材を定着させることが、大きな課題として浮上してきた。星野は危機感を持った。

「このままでは、せっかく育ってきた社員がいなくなってしまう。何とかしなければならないが、給料をすぐに上げるようなことはできない。どうしたらいいのか……」

星野は辞めたいと訴える社員に対して、何とか会社にとどまってもらうように説得を続けた。しかし、多くの社員は気持ちを変えることなく、そのまま星野リゾートを去った。

問題は会社の仕組みにあった

若い社員の連続退社に対策を立てようと、「辞めたい」と言ってくる人に対して、星野は「どうして辞めるのか」と尋ねた。返ってくる理由はいろいろだった。「ホテルマンとしてさらに成長するために、勉強したい」と答える人もいれば、「海外に行きたいから」と説明する人もいた。

彼らの声を聞き続けるうちに、星野は気づいたことがある。

「『会社が嫌いだから辞める』『仕事に飽きたから退職する』とばかり思っていたが、そういう人は少ない」

辞めるスタッフには、「会社は嫌ではない。一緒に働く仲間も好きだ。しかし、もっとほかのこともしてみたい」という人や、「仕事には満足しているが、自分のライフステージを考えると、ずっと軽井沢にはいられない」という人が多かった。

星野は、彼らの退職の理由が「思っていたよりも軽い動機が多い」と感じた。「それならば、工夫次第で会社にとどまってもらえるのではないか」と、退職者を引き留めるプランを考え始めた。

「社員の気持ちや都合に会社が応えていないところにこそ、問題があるのではないか。会社の仕組みに辞める原因があるに違いない」。星野はそう考察した。「社員に『あるべき姿』を強要することが、退職につながっている」と映った。

考え続けていくうちに、星野は会社の制度を社員のニーズに合わせるべきではないか、と気づいた。星野は決意した。

「社員が働き続けられる仕組みを考えよう。会社を変えよう」

在宅勤務や休職制度などを社員に合わせて用意

佐藤友紀子は当時、「仕事に不満はないが、退職を考えている社員」の一人だった。佐藤は大学卒業後、星野リゾートに入社し、軽井沢のホテルでフロント業務などを約5年間経験した。

佐藤は結婚を機に、夫の仕事の都合で軽井沢を離れることになった。だが、新しい住まいの近くに星野リゾートの施設はない。「このまま退職するしかないのか」とあきらめていた。

佐藤の話を聞いた星野は、「こんなケースで社員が辞めなくて済むように、在宅勤務の仕組みを作ろう」と決めた。時代はちょうどインターネットが普及しつつあった。

星野は佐藤に対して、「インターネットの普及で働く環境は劇的に変わっていく。日本中、さらには外国にいても同じオフィスで働いているのと変わらなくなる。軽井沢を離れても、在宅のままネットを活用して仕事を続けたらどうか。そういう働き方の先駆者にならないか」と提案した。そして、「これまでの経験を生かして、ぜひネット経由での宿泊予約などを担当してほしい」と持ちかけた。

「退職することしか頭になかったので、すごく衝撃的だった」と振り返る佐藤は、こうして在宅勤務社員の第1号となった。

佐藤は軽井沢を離れてから約8年間、在宅で働いている。この間、夫の転勤が再びあったが、佐藤はネット経由で仕事を順調に続けている。同じ部署に所属するメンバーとのコミュニケーションを図るために、定期的にミーティングに参加するほか、テレビ会議にも参加する。

佐藤は「もともとの形態で仕事を続けられなくなっても、形を変えて仕事を続けることができた。多様な働き方が選択できることは非常にありがたい。会社にとっても、ビジョンを共有するメンバーが働き続けるので、人材育成の点から効率的だと思う。社員、会社の両方にとって意味がある」と語る。

星野は働き方について社員の声を聞き続けた。そしてケースバイケースで考えながら、会社の制度を大胆に社員のニーズに合わせることで、ユニークな働き方の仕組みを次々に作った。

例えば、「エデュケーショナル・リーブ」は最長1年間、会社を休職することができる制度だ。「自分が成長するために、まとまった時間を使いたい」という社員が対象である。

2007年にエデュケーショナル・リーブを取得した安藤剛は、かつて銀行のディーラーとしてアジア各国の通貨のトレーディング業務を担当していた。星野リゾートに入った後、新規事業である別荘不動産部門の責任者などを務めた。

エデュケーショナル・リーブ期間中は米国料理学院の大学院コースで学んだ。

安藤の通う学校は定員36人の少数精鋭で、本来、有名レストランの料理長を目指す人の学校である。学生は米国だけでなく、アジア、欧州からも集まる。安藤は料理人ではないが、「将来は料理が分かる旅館・ホテルの総支配人を目指したい。メニューを料理長に任せるのではなく、一緒に考えられる責任者を目指したい」と考え、この学校を選んだ。

これには「周囲を驚かせるようなところへ行ってほしい」という星野のアドバイスもあった。安藤は料理を作るための「設計」の仕方や、メニューの「開発」の考え方などについて徹底的に学んでいる。

安藤は星野リゾートの働き方について、「多様性を認める価値観があることは非常に好感が持てる。このためユニークな社員が多く、仕事が楽しい」と語る。


季節ごとに勤務地を変えたり、土日だけ勤務したり

リゾナーレなどで勤務してきた畑井香枝は、エデュケーショナル・リーブを2回も取得している。

1回目はインドへの長期旅行で、畑井は愛犬を連れて出かけた。マザー・テレサの施設でボランティア活動をしたり、インド舞踊を習ったり、多様な経験を積んで帰国した。

畑井は「自分でも意外だったが、会社に復帰後、それまでよりも会社に貢献したいと考えるようになった。会社が大きな器で、自分の人生を理解してくれるのを見て、『何とか恩返ししたい』と思うようになった」と振り返る。

仕事に対する考え方も変わった。畑井はかつて「自分の仕事の枠を超えた仕事をすることに対して、抵抗を感じることがあった」という。しかし、会社に復帰すると、「仕事の枠にこだわらず、お客様を喜ばせたい」とシンプルに考えられるようになった。

畑井は現在、2回目のエデュケーショナル・リーブを取得中である。今回は夫、子供と一緒に世界旅行に出かけている。オランダ、イタリア、トルコなどにある世界遺産を巡ったり、沖縄で八重山舞踊を学んだりする日々を送っている。畑井は「充実した時間をすごした後で、再び復帰することが楽しみ」と語る。

星野は「さまざまな場所を訪れる経験はこのビジネスに役立つ」と考え、長期旅行に出る社員を送り出している。

季節に応じて社員が勤務地を変えられる「ヌー」という制度もある。

例えば、春夏に軽井沢のホテル ブレストンコートや山梨のリゾナーレなど避暑地のリゾートで勤務した後、秋冬に北海道のアルファリゾート・トマムや福島のアルツ磐梯などのスキーリゾートで汗を流す。「季節ごとに違う場所で働きたい」という社員の声に応えるため、星野はこの制度を作った。

「ホリディ社員」は、休日を多くしたいと考える社員向けだ。

例えば、この仕組みを使って、週休5日で週末だけ働く社員がいる。同社はこうした社員を土日に繁忙日が訪れるリゾートで戦力化している。「趣味に多くの時間をあてたい」という社員の場合は、週4日勤務で、残りの3日を趣味にあてることも可能である。

星野リゾートは、社員一人ひとりの希望に応じて、多様な働き方を実現する仕組みを用意している。会社の都合で社員に押しつけたりしない。

「お金」よりも「自由」を欲する

星野は働き方を多様化するに当って、制度として長持ちさせることを意識してきたという。いくら理想的な仕組みを作っても、あまりに会社の負担が大きくなると続けるのが難しくなる。

「さまざまな働き方を選ぶ人は、あくまで働き方の多様性を求めているのであり、報酬を必要以上に求めているわけではない。彼らが欲しているのは『自由』であって、『お金』ではない」。そう考える星野は、制度に大きな費用をかけていない。

例えばエデュケーショナル・リーブの期間中、社員は給料が出ない。ただし、この仕組みを使う場合は、社会保険などを原則として負担する。社員は自由な時間を満喫した後も、安心して再び元の職場を確保できる。

実際には、さまざまな勤務制度を利用する人はそれほど多いわけではない。しかし、多様な仕組みを用意することによって、社員の共感や安心感を生んでいる面がある。

星野リゾートをいったん辞めてから、復帰した社員もいる。

専門職として企画開発を担当している宮脇省造は、設計事務所などを経て、星野リゾートに入社した。一度は「ほかの仕事がやりたくなったから」と退職したが、その後、再び星野リゾートの仕事に興味が戻り、星野と相談して復帰を決めた。

宮脇は「再び入るとき、『必ず成果を出して、恩に報いたい』と思った」と振り返る。多様な働き方があることについて、宮脇は「働き手と組織のニーズに合っていると思う。ほかの会社でも応用していけるのではないか」と語る。

人材面での課題が星野リゾートから完全になくなったわけではない。星野によると、「景気の動向にかかわらず、学生は大企業・大都市志向が依然として根強い。このため、リゾートのビジネスではまだ人材を集めにくい面がある」という。

それだけに、世界中を不況が襲っている今でも、これまで作ってきたユニークな働き方の仕組みを変えるつもりはない。

星野は「社員が定着してこそ、一人ひとりが業務の習熟度を上げることができる。それがサービスの質を高め、顧客満足度の向上につながる」と解説する。

仕事に対する社員の多様な姿勢を認めることで、会社と社員は結ばれる。星野は「これからも社員の働き方がどうあるべきかについて、しっかり考えていきたい」と強調する。

解説

事件が会社を強くする

星野佳路　星野リゾート社長

世界には五大観光国と呼ばれる国がある。外国からの訪問者数が多い五つの国である。1位のフランスは毎年、約7600万人を集めている。2位以下はスペイン、米国、中国、イタリアと続いている。

日本はどうかと言えば、外国人訪問者数は800万人台で、フランスの10分の1程度にとどまっている。順位は30位前後である。日本は製造業が世界有数の生産性を誇るなど、世界中からさまざまな面で高い評価を獲得している。にもかかわらず、日本の観光業は世界の中で低位にとどまっている。

「日本の観光をやばくする」

観光大国の条件は、第一に「安全」、第二に「文化の知名度」、第三に「交通」だと言われる。このうち安全面から見た場合、日本は五大観光国のどの国よりも安全である。文化の知名度も、客観的に見て、注目度は高い。交通アクセスも良い。観光大国に必要な三つの条件に当てはめれば、日本は五大観光国よりも恵まれている、と私は思う。

ところが、外国人訪問者数は五大観光国に遠く及ばない。日本に魅力がないのかと言えば、私は決してそんなことはないと考えている。

私は世界中のさまざまなリゾートを見ている。日本にはすごい観光国になる可能性があると思う。例えば、日本の温泉旅館は、外国人にとって異文化体験が豊富で、魅力は非常に高い。畳の上に布団を敷いて寝て、日本食をはしで食べ、裸になって知らない人と一緒に温泉にも入る。そこには日本文化が凝縮されている。

にもかかわらず、日本の観光業は世界の中で二流、三流の位置にとどまっている。このビジネスの経営者として、私はそんな残念な状況を何とか変えようと思い続けてきた。星野リゾートに社長就任してから約20年になるが、私にとってこれまでの日々は世界のリゾートとのギャップを埋める作業だったと思う。

日本の観光を世界の一流にする。これは私にとって使命だと考えている。そのためには、日本文化の持つ魅力をきちんと示しながら、世界のトラベラーが期待する水準のサービスをしっかりそろえることである。その積み重ねによって、国内からも、世界中からも、もっと多くのお客様に来ていただくことができるようになる。私はそう考えている。

そんな思いをできるだけ多くの人に伝えようと、私は「日本の観光をやばくする」と言っている。「やばい」とは、いまどきの若者風の解釈では「素晴らしい」という意味である。

このコピーは若い社員のアイデアである。私が自分の思いをまとめた文章を読んでもらったところ、「これじゃ硬くて面白くない」と言って、やばい表現を考えてくれた。

「日本の観光をやばくする」ために私が一番重要だと考えているのが、現場の最前線でお客様と接するスタッフである。

お客様の要望や期待と直接向き合うのは、社長や経営幹部ではない。あくまで現場のスタッフである。お客様にとっては、自分に対応してくれるスタッフ一人ひとりの判断こそが、星野リゾートの判断である。スタッフの判断の質が、星野リゾートのパフォーマンスを決めるのである。

スタッフはお客様の声に対して、大胆かつ積極的に判断する必要がある。スタッフがうまく判断できなければ、顧客満足度を高めることはできない。業務内容を標準化してムダをなくしても、たくさんの旅館やホテルを運営することでスケールメリットを得ても、最終的には観光ビジネスの競争力を決めるのは、スタッフの対応だと思う。

「事件」が新しいサクセスストーリーを生む

しかし、どんなときにもスタッフが完璧かというと、必ずしもうまく行かないこともある。細心の注意を払っても、お客様からクレームをお受けしたり、トラブルが起きたりすることがある。ときにはスタッフ同士の人間関係がうまく行かなくなり、社内で対立や行き違いが起きることもある。

私は星野リゾートで発生するこうしたコンフリクトを「事件」と呼んでいる。

星野リゾートのMission
日本の観光を
やばくする！

事件が起きたときには、何よりも解決に向かって動き出すことが大切である。ただし、私にとってそれは「その場が収まればそれで良い」という意味ではない。

事件が発生するのは、何らかの原因があるからである。そこには、スタッフが気づいていなかった「何か」がある。

その「何か」をつかむために、星野リゾートでは事件をその場限りにしない。事件を通して、しっかり考え抜くことで、新しい発想が生まれ、スタッフが成長する。つまり、事件こそが新しいサクセスストーリーを生むのである。

例えば、お客様からクレームを受けたとき、担当者をしかりつけたとしても、そのスタッフは怒られた印象を持つだけで、事件から何も学ぶことができない。だから、私はスタッフをしかることはない。事件に直面したスタッフに「考えさせる」ことを重視する。

スタッフが事件の解決策を見つけたならば、次に似た場面に直面したとき、自然にそれを乗り越えることができる。それが事件の大事さだと思う。

ただし、すべてのスタッフが個別に事件に遭遇していたら、会社は混乱し、大変なことになってしまう。だから、ある職場で起きた事件は、ほかの職場にいるスタッフとも共有することが大事である。

私は社内向けのブログや研修などを通じて、これまでに起きた事件のあらましと対応を紹介している。過去に社内で起きた事件を知っていれば、似た出来事が周囲で起きたとき、事件化を防ぐ対応を取ることができる。万が一、事件に発展してしまったとしても、正しい判断をするポイントを過去の事例から知り、最善の策を打つことができる。

事件を通じて、お客様の声やスタッフの思いに対する社内体制が十分でないことに気づくこともある。そんなときには臆することなく、仕組みづくりに取り組むようにしている。仕組みづくりは地道な工夫の積み重ねだが、それが大胆な改革につながることもある。

事件への対応は、手間がかかるが、それによって得られるリターンは大きい。だから、私は事件をうやむやにしない。私はある意味で、楽しみながら事件に対応している。事件が起きて、のたうち回っている社員の姿を見ると、私は楽しくなってくる。

顧客満足度と利益のバランスを取る

これは事件への対応に限った話ではないが、お客様を十分に満足させるサービスを提供しながら、利益を確保していくのは、非常に難しいことである。おもてなしの心を持つスタッフが集まれば、利益とのバランスが自然と取れるならば簡単だが、実際にはそうならない。それだけに、顧客満足度と利益の両立は専門性が高いプロの仕事である。

判断がうまく行ったときには「あの判断は正しかった」と言われるが、うまく行かなければ逆の指摘を受ける。経営判断の成否は偶然の要素もあるし、どちらになるかは紙一重の部分もある。それだけに事件を生かす姿勢が、経営者にとって重要だと思う。

本書に取り上げられている事件はすべて、実際に星野リゾートの旅館やホテルで起きた出来事である。事件に直面したスタッフが何を考え、どう動いたのか。そこでどんな話をしたのか。それを「日経トップリーダー」編集部が取材し、独自の視点でまとめていただいた。お読みいただいた方がそれぞれの立場で考える一助となれば、幸いである。

中沢康彦　Yasuhiko Nakazawa

1966年生まれ。慶応義塾大学経済学部卒業。新聞社記者を経て日経BP社に入社。
「日経ビジネス」記者などを経て、「日経ビジネス」副編集長

日経トップリーダー

「明日の一流企業」を育てる経営者のための月刊誌。現代の名経営者の「成功の本質」、
隠れた高収益企業の「独自のノウハウ」を徹底取材し、最新の経営環境に対応する
具体策を解説。日経BP社発行

星野リゾートの事件簿

なぜ、お客様はもう一度来てくれたのか?

2009年 6月22日　初版第1刷発行
2021年 4月16日　　第19刷発行

著　者　　中沢 康彦
編　集　　日経トップリーダー
発行者　　伊藤 暢人
発　行　　日経BP社
発　売　　日経BPマーケティング
〒105-8308
東京都港区虎ノ門 4-3-12

装丁・本文デザイン・DTP　エステム
印刷・製本　　図書印刷株式会社

ISBN978-4-8222-6543-4